Margarete Buber-Neumann

»Freiheit, du bist wieder mein ...«

Margarete
Buber-Neumann

# "Freiheit, du bist wieder mein..."

## Die Kraft zu überleben

Langen Müller

Der Haupttitel ist dem Lied »Die Moorsoldaten« entnommen


Schutzumschlagentwurf: Christel Aumann, München
Satz: VerlagsSatz Kort, München
Druck: Jos. C. Huber, Dießen
Printed in Germany 1978
ISBN 3-7844-1727-2

## Inhaltsverzeichnis


Einführung ........................... 9

1. Kapitel Sodom und Gomorrha ........... 30
2. Kapitel Der Gefangene und die Freiheit .... 38
3. Kapitel Panik vor dem Ziel ............... 46
4. Kapitel »Unsere« Neger ................ 56
5. Kapitel Das Los der Alten ............... 62
6. Kapitel Ein neuer Aufbruch .............. 67
7. Kapitel Die Betreuten ................. 72
8. Kapitel Winter 1945/46 ................ 82
9. Kapitel Ein Besuch aus Amerika .......... 86
10. Kapitel Sozialistische Emotionen ......... 94
11. Kapitel Die »Wiedervereinigung der Arbeiterklasse« ................ 106
12. Kapitel Bericht des Herrn M. ........... 111
13. Kapitel Meine Mutter und die ersten Briefe von den Kindern .......... 134
14. Kapitel Auf dem Wege in ein anderes Land ....................... 145
15. Kapitel Mit der »Kastelholm« nach Schweden ....................... 152
16. Kapitel Quarantäne Landskrona .......... 161
17. Kapitel Zu Gast bei einem kommunistischen Millionär ...... 166
18. Kapitel Neue Freunde im schönen Stockholm ..................... 175
19. Kapitel Wie ein Buch entsteht ........... 183
20. Kapitel Besuch aus Mexico und Palästina .. 188
21. Kapitel Ich verliere die Büroarbeit ....... 196

22. Kapitel Die Reise nach Norwegen ........202
23. Kapitel Die kommunistische Machtergreifung in der Tschechoslowakei ....211
24. Kapitel London 1948 ..................218
25. Kapitel Eine gewonnene Schlacht ........226
26. Kapitel Als Zeugin nach Paris ...........231
27. Kapitel Der Kravtschenko-Prozeß ........241
28. Kapitel Arthur Koestler ................256
29. Kapitel Die Rache der Kommunistinnen ..264
30. Kapitel Kampf für die Freiheit ...........271
Register ....................................275

Meinem Freund Paul Rütti

# Einführung

Am 21. April 1945 endete das siebenjährige Lagerdasein. Ich wurde zusammen mit 50 »alten Gesinnungstätern«, deutschen und tschechischen politischen Häftlingen, aus dem KZ Ravensbrück entlassen. In den mit Farbkreuzen bemalten Lagerkleidern, ohne Geld, ohne Lebensmittelkarten, nur mit einer Ration Brot als Transportverpflegung versehen, marschierten wir in Fünferreihen zum Tor hinaus in die Freiheit.

Schweigend liefen wir mitten auf der Straße, vorbei an den SS-Wohnhäusern in Richtung Fürstenberg, der nächsten Bahnstation. Mir kam nicht einmal der Gedanke, daß das nun die Straße der Freiheit sei. Erst nach einer Strecke Weges blieben einige Schwache zurück, und anderen schien einzufallen, daß man ja nun wieder ein Mensch sei und auf dem Bürgersteig gehen dürfe. Als sich die Kolonne aufzulösen begann, erscholl eine ans Kommandieren gewöhnte Stimme aus unserer Mitte: »Werdet ihr wohl in Fünferreihen bleiben! Wir können doch nich' wie'n Sauhaufen nach Fürstenberg reinkommen!« Das wirkte wie ein Stichwort. Die ersten freiheitlichen Regungen erwachten, und mit höhnischen Antworten: »Mensch, den Ton gewöhn' dir mal ab! Die Zeiten sind jetzt vorbei!« fanden wir endlich unsere Sprache wieder und begannen, den gekrümmten Sklavenrücken zu strecken.

Alles, was dann kam, teilt sich mir nur mit halbem Bewußtsein mit: der von Flüchtlingen überquellende Fürstenberger Bahnhof; der nächtliche Fliegeralarm, die teils mitleidigen, teils neugierigen Blicke auf uns fünfzig Vogelscheuchen, die da apathisch und unschlüssig am Boden sitzen und die von Neugierigen gefragt werden: »Was sind Sie denn für komische Frauen?« – Wir wußten nicht, was tun. Züge nach dem Süden in Richtung Berlin gab es nicht mehr. Wo aber sollten wir bleiben? Niemand befahl uns. Keine Sirene hieß uns aufstehen, antreten oder schlafengehen. Nach den Jahren des Häftlingsdaseins standen wir Entmündigten plötzlich vor eigenen Entscheidungen. Dieser Anforderung waren viele nicht mehr gewachsen. Wie ich später erfuhr, machten sich einige sogar in völliger Ratlosigkeit auf den Rückweg ins KZ Ravensbrück. Unfähig zu persönlicher Initiative, flohen sie vor der chaotischen Freiheit zurück hinter die schützenden Mauern des Lagers. Doch auch dort war ihres Bleibens nicht lange. Am 25. April evakuierte die SS Ravensbrück. Man trieb alle Häftlinge, die noch laufen konnten, raus auf die Landstraße. Angeblich sollten sie in ein anderes Lager im Norden Mecklenburgs gebracht werden. Ein endloser Zug von mehr als 20000 Frauen bewegte sich mühsam vorwärts. Als sie drei Tage marschiert waren, verschwand in der Nacht die gesamte SS-Bewachung. So vollzog sich ihre Befreiung. Viele Ravensbrückerinnen, die nicht schnell genug in westlicher Richtung fliehen konnten oder ganz einfach nicht ahnten, was ihnen drohte, gerieten in den ersten Tagen der wiedergewonnenen Freiheit in die Fänge der Roten Armee.

*

Ich hatte ein festes Ziel: Potsdam, meine Heimatstadt. Dort hoffte ich, die Mutter zu finden. Daraus wurde aber nichts, denn gerade in jenen Tagen schob sich die Ostfront in Richtung auf Berlin vor. Die Menschen flohen in Panik westwärts. Immer wieder hörte man den angstvollen Ruf »Der Iwan kommt!« Züge nach dem Süden in Richtung Berlin gab es auch nicht mehr, und bis ich Potsdam zu Fuß erreicht hätte, wäre es längst in russischer Hand gewesen. Aber wohin sollte man sich wenden? Ohne Ziel würden die Kräfte sehr bald erlahmen. Deshalb faßte ich einen neuen Entschluß: Es galt, Thierstein, ein Dorf in Oberfranken, zu erreichen. In ihm lag der Bauernhof meiner väterlichen Vorfahren, und ich hegte die vage Hoffnung, vielleicht dort Verwandte zu finden.
Wie allerdings die Strapazen dieses langen Weges von Mecklenburg nach Bayern überwunden werden sollten, darüber machte ich mir keine Gedanken. Solange es ein Ziel gab, beflügelte einen die wiedergewonnene Freiheit. Doch auch diesem Hochgefühl wurden durch die Schwächen des Körpers Grenzen gesetzt.
Die erste Zeit glich der Weg ins neue Leben eher einer Flucht. Nach dem Überwinden der amerikanischen

Front bei Bad Kleinen war zwar die Angst vor dem Herannahen der Russen gebannt, doch bald stellte sich ein neues schier unüberwindliches Hindernis in den Weg: die Elbe bei Boizenburg. Die Nationalsozialisten hatten alle Brücken gesprengt, und über die von den Amerikanern errichtete Pontonbrücke ließ man keine Zivilpersonen passieren.
Neu eintreffende Flüchtlinge brachten die Nachricht, daß die Rote Armee in einigen Tagen die Elbe erreicht haben werde, und sie wollten außerdem wissen, daß die Amerikaner ihre Truppen bereits abzögen. Gerade in jenen Tagen erhielt ich von einem ehemaligen deutschen, politischen Männerhäftling ein unerhörtes Geschenk. Ihm war nämlich das große Glück widerfahren, als Franzose getarnt von seinen französischen KZ-Kollegen mit über die Pontonbrücke geschmuggelt zu werden. Zum Abschied überreichte er mir seinen wertvollsten Besitz: ein Fahrrad, das er irgendwo »requiriert« hatte.
Erfüllt von neuer Unternehmungslust verlasse ich morgens vor »Curfew«*, so gegen vier Uhr, die Scheune, in der ich in Lauenburg übernachtet hatte. Mir ist dabei nicht ganz wohl zumute, denn jeder, der vor »Curfew« auf der Straße erwischt wurde, konnte von den Engländern, der Besatzungsmacht dieses Gebietes, verhaftet werden. Aber kein Engländer ist weit und breit zu sehen; nirgends eine Menschenseele.

* Englische Jargonbezeichnung für den Begriff »Ausgangsverbot«. Deutsche durften zwischen 10 Uhr abends und 6 Uhr früh die Straße nicht betreten.

Ich erreiche das Elbufer und sehe zu meiner großen Enttäuschung mehr als hundert Menschen in einer ordentlichen Schlange anstehen. Ein einziger Fischerkahn pendelt hin und her, um jedesmal höchstens fünf Menschen am gegenüberliegenden ersehnten Ufer abzusetzen. Die Elbe ist an dieser Stelle mehr als einen Kilometer breit, und das Wasser hat starke Frühlingsströmung. Meine Hoffnung sinkt mit jeder halben Stunde.

»Wenn wir Glück haben, schläft der englische Kommandant heute lange. Er bemerkt uns erst, wenn er frühstückt«, erzählt mein eingeweihter Nebenmann. – »Kann der uns denn sehen?« meine ich verwundert, denn wir stehen hinter dem Weidengestrüpp des Ufers. – »Ja, ganz genau!«, und er deutet mit der Hand Richtung Lauenburg. »Seine Villa liegt dort oben auf dem Hügel. Beim Kaffeetrinken nimmt er sich seinen Feldstecher und sieht unseren Kahn hin- und herfahren. Das ärgert ihn natürlich, weil's doch verboten ist. Gleich kommandiert er eine Abteilung Soldaten hier herunter.« – »Na, und was passiert dann?« – »Ganz verschieden. Manchmal verhaften sie die Leute, manchmal vertreiben sie sie nur und beschlagnahmen das Boot«. – »Und wie kommt es dann, daß heute wieder ein Boot da ist?« – »Tja, da gibt's immer findige Köpfchen, die ein neues auftreiben. Das ganze ist ja eine Schweinerei, wo wir doch nur nach Hause wollen, noch dazu mit den Russen im Rücken! – Ich danke für'n kleinen Abstecher nach Sibirien.«

So gegen acht Uhr – vor mir stehen noch 30 bis 40

Menschen – ruft plötzlich einer: »Die Engländer kommen!« Schon spritzt alles auseinander. Ich ergreife mein Rad und renne durch das Gebüsch am Ufer entlang. Nur schnell weg, nur nicht erwischen lassen! In einem dichten Gesträuch, das ganz von Brennesseln überwachsen ist, verstecke ich zuerst das Rad und krieche dann selbst hinein. Von weitem hört man Stimmen und Flüche. Das dauert eine ganze Weile, dann scheint es sich wieder zu entfernen. Ich bin schon dabei, aus meinem Versteck herauszukriechen, als ganz in der Nähe das Gebüsch knackt. Ich ducke mich und halte den Atem an.
Mit einem echt preußischen: »Na, kommen Sie mal raus!« biegt ein Mann die Zweige auseinander. Es ist ein deutscher Hilfspolizist. »Los, mitkommen!« befiehlt er ganz im Ton von gestern. – »Was wollen Sie von mir?« – »Fragen Sie doch nicht so dumm, Sie wissen doch ganz genau, daß die Engländer das heimliche Überqueren der Elbe verboten haben. Jetzt haben Sie eben die Konsequenzen zu tragen und warten in einem Flüchtlingslager so lange, bis geordnete Zustände herrschen!« – »Das fehlte gerade noch! Raus aus dem Lager, rein ins Lager!« Vor Wut beginnt meine Stimme zu wackeln. »Haben etwa Sie die Engländer auf den Gedanken gebracht, die Menschen hier in den Büschen aufzustöbern?« – Gott, wenn der einen Gummiknüppel hätte, da könnte ich was erleben. Ein zweiter kommt dazu: »Was regen Sie sich denn so auf? Wir handeln doch im Auftrage der Besatzungsmacht. Wenn's nach uns ginge, würden wir keinen Menschen hindern, über die Elbe zu

gehen. Machen'se uns doch die Arbeit nicht so schwer!« Als ein letzter Versuch mißlingt, die beiden davon zu überzeugen, daß man mich als ehemaligen KZler wenigstens in Ruhe lassen sollte, gebe ich es auf. An Waden und Händen von Nesseln verbrannt, mit rotangelaufenem Gesicht, komme ich als eine der letzten zwischen den beiden Polizisten am Rande der Wiese an. Dort verlädt man die Menschen bereits auf Lastautos. Komisch, daß die sich gar nicht wehren. In einigem Abstand stehen englische Soldaten und ein Offizier. Was, in ein Lager wollen die mich stekken? Stacheldraht, Baracken, Posten, Befehle! Ich werfe das Rad auf die Wiese und stürze auf den Offizier zu. »Sir, nach sieben Jahren Konzentrationslager bekommen Sie mich nur mit Gewalt in ein Flüchtlingslager! Hier ist mein Entlassungsschein. Lassen Sie mich zurück in die Stadt.« Er wirft einen Blick auf das Papier: »You can go!« Ein Stückchen weiter im Straßengraben versagen meine Nerven. Ich muß mich erbrechen.

*

»Fräulein, wissen Sie vielleicht, wo man hier in Lauenburg unterkommen kann?« Ich frage den ersten Menschen, der mir begegnet, als ich, auf das Fahrrad gestützt, nach Lauenburg zurückgehe. Sie hat einen feuerrot geschminkten Mund, nachgezogene Augenbrauen und trägt ein helles Frühlingskleid.
»Das wird aber schwer sein«, kommt es breit und ostpreußisch heraus. »Wir sind auch Flüchtlinge und wohnen da unten in der Bretterbude am Kanal.« Sie

deutet mit der Hand auf einen verfallenen Schuppen. Ich hatte schon »dankeschön« gesagt und will weitergehen, als sie einen Schritt näher an mich herankommt und mir prüfend ins Gesicht blickt: »Wissen Sie, daß ich Sie kenne?« – »Das kann wohl kaum stimmen, so wie ich sehen viele Menschen aus.« – »Nein, ich kann mich gar nicht irren, ich weiß genau, wer Sie sind.« Dann aber zögert sie weiterzureden. – Ich glaubte schon, so einen merkwürdigen Menschen vor mir zu haben, der aus lauter Redebedürfnis immer sogenannte alte Bekannte trifft.

»Aber woher wollen Sie mich denn kennen? Wann haben Sie mich gesehen?«

»1940 und 1941.«

»Das ist ganz unmöglich, da war ich gar nicht« ... beinahe hätte ich gesagt, in Deutschland! ... »gar nicht da.« Was für ein blödes Gerede, ärgere ich mich.

»Aber wenn ich Ihnen sage, wie Sie heißen! Sie sind Grete und waren Stubenälteste in Ravensbrück. Auf Block 2 bei den Asozialen?!«

»Ja, das stimmt, ich war dort zwei Monate Stubenälteste. – Wie lange waren *Sie* denn in Ravensbrück?«

»Bis 1941. Da wurde ich entlassen und gleich dienstverpflichtet. Später mußten wir vor den Russen fliehen, von Ostpreußen bis hierher.« – Sie kramt eifrig Zigaretten aus ihrem Täschchen. Es sind englische.

»Jetzt können wir soviel Zigaretten rauchen wie wir wollen, nicht, Stubenälteste? Da kriegen wir keine Prügel mehr. – Gott, wenn ich noch daran denke!

Und die SS-Weiber!« – Sie lacht und bietet mir eine Zigarette an. Ihre Fingernägel sind sorgfältig manikürt und leuchtend rot gefärbt.
»Wo wollen Sie denn jetzt hin?«
»Zuerst mal über die Elbe und dann nach Bayern, um meine Mutter zu finden. – Wenn ich nur schon auf der anderen Seite des Flusses wäre.« Ich erzähle ihr mein Erlebnis mit den Hilfspolizisten. Sie bekundet ihre Abscheu vor dieser Sorte Männer mit ein paar saftigen Flüchen.
»Wissen Sie, die Engländer sind *so* anständig, die würden so was sicher nicht machen. Die Amerikaner waren ja auch nicht schlecht, aber die Engländer sind sehr viel feiner. Wirklich vornehme Menschen, sage ich Ihnen.« Sie ist also zufrieden mit ihrer neuen Kundschaft. – Ich werfe den Zigarettenstummel in den Kanal und will mich verabschieden. »Das kommt ja gar nicht in die Tüte! Jetzt müssen Sie natürlich zu mir kommen. Ich kann doch meine ehemalige Stubenälteste nicht so einfach auf der Straße stehenlassen! – Natürlich ist es in unserer Notwohnung nicht so fein wie wir's mal zu Hause hatten, aber ein Platz zum Schlafen wird sich schon finden. – Meine Mutter wird ja Augen machen, wenn ich mit einer alten Bekannten aus Ravensbrück ankomme.« Ohne meine Zustimmung abzuwarten, ergreift sie das Rad, macht kehrt und führt mich eine kleine Anhöhe hinunter an das Ufer des Kanals, durch ein verwüstetes Industriegelände, vorbei an zerbombten Lagerräumen, untätigen Kranen und stilliegenden Schleppkähnen. Der Schuppen hat zwei Räume, die durch

einen kleinen Korridor getrennt sind. In jedem Zimmer wohnt eine Familie. Meine Ostpreußen sind sechs Personen, die anderen fünf. Es stinkt nach Scheuerlappen und Pellkartoffeln. Als die Mutter von unserer alten Bekanntschaft erfährt, wird sie ganz überschwenglich.

»Setzen Sie sich nur, Fräulein, gleich gibt's Essen. Leider nur Kartoffeln mit Sauce. Wenn ich gewußt hätte ...« Um ihre Fülle hat sie einen verschossenen Morgenrock gewickelt. Sie ist ganz die Tochter. Dasselbe breite, bäuerliche Gesicht, dem aber das Alter schon sehr mitgespielt hat. Die Backen sind heruntergesunken, die Nase ist verschwollen und formlos. Aber in die Stirn fallen sorgfältig gelockte und, wie mir scheinen will, sogar gefärbte Haare. Dann gibt es einen Vater. Der sagt, er sei Tischler gewesen, außerdem sind da noch zwei jüngere Brüder und eine ältere Schwester. Die Brüder sammeln Zigarettenstummel für Vaters Pfeife und bringen auch Kartoffeln, Holz und Kohlen kostenlos ins Haus. Die beiden Schwestern versorgen die Familie mit englischen Konserven, Zigaretten und noch vielen anderen guten Dingen, die es in der englischen Armee gibt. Auch Kaffee fehlt nicht. Ich merke bald, daß in dieser Familie keine Flüchtlingsatmosphäre herrscht. Sie haben die bewundernswerte Anpassungsfähigkeit der Asozialen. Ich stelle amüsiert fest, daß sie sogar ihre provisorische Häuslichkeit »verschönert« haben. An den Bretterwänden sind mit Stecknadeln bunte Postkarten und Bilder aus Zeitschriften befestigt, der Spiegel in der Ecke ist mit Papierblumen bekränzt, und darunter liegen auf einer hochgestellten Kiste Puderdosen und Lockenwickler.

»Sie haben es sich hier aber ganz gemütlich eingerichtet«, sage ich lobend. »Ja, man tut, was man kann. – An unsere schöne Wohnung in Königsberg darf ich gar nicht zurückdenken, da kommen mir gleich die Tränen.« Sie schnüffelt und wischt sich über die Augen. – Ganz wach und interessiert fragt sie mich dann, ob ich schon Lebensmittelkarten für Lauenburg bekommen hätte. Ich verneine. »Lieselotte, gehe mal sofort mit der Dame zum Rathaus, damit sie ihr welche geben. Das wäre doch gelacht, Ihnen steht ja die doppelte Ration zu!« Ich staune schweigend. »Lieselotte hat natürlich auch schon eine Zulage beantragt. Alle, die im KZ waren, haben einen Anspruch darauf. Das wurde doch im Radio durchgegeben.« Lieselotte erkämpft mit Leichtigkeit Lebensmittelkarten. »Das ist meine Kameradin aus dem Konzentrationslager«, stellt sie mich vor. Durch meinen Entlassungsschein steigt sie sichtlich in der Achtung der Behörde. Wieder zurück in der Bretterbude berät die ganze Familie, wie ich am sichersten über die Elbe kommen könnte. »Wenn Sie schon bei ›Curfew‹ auf die Straße gehen, ist es doch gleich, ob man Sie um 2 oder um 4 Uhr erwischt. Wir werden Sie morgens um ½ 2 wecken und dann runter ans Ufer, damit Sie die erste sind.« Das leuchtet mir natürlich ein. »Aber wenn mich nun die Engländer ein zweites Mal verhaften, was dann?« Der Vater mischt sich ein: »Ja, Fräulein, das müssen Sie schon riskieren. Wer nicht wagt, der nicht gewinnt . . .« Und dann beginnen sie Geschichten zu erzählen von Verhaftungen durch die Engländer, beschlagnahmten Booten und Schießereien. Besonders gute Psychologen sind sie wahrhaftig nicht.

Am Abend werden sechs Strohsäcke auf den Fußboden gelegt, Lieselotte überläßt mir den ihren und schläft mit der Schwester zusammen. Es ist noch ganz dunkel, als mich die Mutter weckt. Sie hat Kaffee gekocht und eine Menge Brote geschmiert. »Sie müssen doch was mit auf den Weg nehmen. Man kann nie wissen, wie's ausgeht.« Dann drückt sie mir noch ein Beutelchen Tabak und Zigarettenpapier in die Hand. Es dämmert eben, als ich nach herzlichem Abschied die Bretterbude verlasse und über das Kopfsteinpflaster am Kanal entlangfahre. Wenn nur das verdammte Rad nicht so klapperte! Dann überquere ich den Deich und komme hinab in die Wiesen, über denen ein leichter Nebel liegt. Wenn ich die Sträucher am Ufer erreicht habe, kann nichts mehr passieren. Ich finde die Stelle von gestern. Keine Menschenseele, aber auch kein Kahn. Am gegenüberliegenden Ufer scheint etwas Dunkles zu liegen. Vielleicht ein Boot. Aber was hilft es mir. Ich blicke mich ratlos um. Es ist totenstill. Selbst das Wasser strömt lautlos dahin. Hinüberschwimmen, ja das könnte man. Aber das hieße, sein Fahrrad und alles andere zurücklassen. – Da raschelt es im Gebüsch. Ich zucke zusammen. Oh Gott, sicher die Polizei! Ein junger Mann, sein Fahrrad neben sich, kommt mit freundlichem »Guten Morgen!« aus den Büschen ans Ufer. »Da wäre ich also der zweite. Nicht schlecht. Aber wo ist der Kahn? Verdammt, den haben die Engländer nach drüben bugsiert. Eine schöne Bescherung.« Wir rauchen eine Zigarette und überlegen. Da kommt schon der dritte. Er hat, wie der erste, die Nacht im Gebüsch verbracht. Beide Männer sind Soldaten, die der Kriegsgefangenschaft entgehen wollen. »Tja, da gibt es nur eins. Wir zwei schwimmen rüber, und Sie bewachen solange unsere Klamotten. Einverstanden?«

Langsam entfernen sich die Köpfe der Schwimmer. Die Strömung ist sehr stark. Ich sehe, wie sie immer weiter abgetrieben werden. – Hoffentlich passiert ihnen nichts. Das Wasser ist noch sehr kalt. Sie erreichen das gegenüberliegende Ufer ein paar hundert Meter stromabwärts. Dann sehe ich sie am Kahn herumhantieren. Es dauert schon bald eine Stunde, und sie kommen nicht zurück. Was mag da passiert sein? Dann bemerke ich noch einen dritten Mann. Sie laufen hin und her. Endlich löst sich der Kahn vom Ufer. Beim Näherkommen stelle ich fest, daß alle drei Bretter in den Händen haben und angestrengt schaufeln, um vorwärts zu kommen. Die Engländer haben die Ruder ins Wasser geworfen, die Strömung hat sie mitgenommen. Da mußten die Schwimmer erst im nächsten Bauernhaus um ein paar Latten bitten. Der dritte ist ein Ostarbeiter, ein Pole, er hat sich erboten, uns zu helfen. Drei Fahrräder und vier Personen, eine nicht geringe Last für den Kahn. »So Fräulein, hier ist Ihr Brett, nun aber feste mithelfen, sonst geht's schief« Nur im Stehen kann man die Bretter hantieren. Das Wasser gleitet wenige Zenti-

meter unter dem Rand des Kahns entlang. Die Strömung macht einen schwindlig, ich fürchte, jede Minute das Gleichgewicht zu verlieren. Wir haben die Mitte des Flusses erreicht, da beginnt der Kahn, sich um sich selbst zu drehen. »Fräulein, feste, feste, nicht nachlassen!« Ein Schlag rutscht aus und Sprühregen überschüttet uns alle. Gott sei Dank, sie lachen. Und dann ist die Strömung überwunden, wir nähern uns dem rettenden Ufer. Drüben zerre ich mein Beutelchen Tabak heraus, danke dem Ostarbeiter für seine Hilfe und will es ihm schenken. Er lehnt entrüstet ab: »Nein, ich haben nicht wegen Bezahlung geholfen. Ich so geholfen ... « Dann geht es in großem Schwung die Uferböschung hinunter und auf die Chaussee in Richtung Celle. Es ist mir geglückt! Nun gibt es kein Hindernis mehr. Vor unbändiger Freude versuche ich, freihändig zu fahren. Die Chaussee nach Celle führt durch die Lüneburger Heide. Birken, krumme Kiefern und Moorgräben säumen den Weg. Schon hundert Meter abseits beginnt die Wildnis mit Binsen und raschelndem Sumpfgras. Auf den sandigen Hügeln blüht golden der Ginster, und die Heidelerchen singen, was das Zeug hält. – Auf dieser Straße treffe ich kilometerweit keine Menschen. Der Flüchtlingsstrom hat sich jenseits der Elbe gestaut. So allein, ganz der Fortbewegung hingegeben, ist dieser erste Tag nach der Elbe voller Überschwang an Lebenslust.
Schon neigt sich die Sonne, als ich auf der Chaussee nach Celle an einen Wegweiser komme. Ich biege ab. Nach einigen Minuten geht der Feldweg in eine

schnurgerade Kastanienallee über, die zu einem Gut führt. Dort will ich die Nacht über bleiben. Aus den Ställen dringt das Geklapper von Eimern und das Muhen der Rinder. Die Tür zu einer Art Küche ist zum Hof hin geöffnet. Ich lehne das Rad an einen Baum und trete näher. Dort sind einige Frauen damit beschäftigt, Milch umzufüllen und sie durch Tücher zu gießen. Hinten im Raum surrt ein Separator. Mich überfällt eine unbändige Lust, von der noch kuhwarmen Milch zu trinken. »Könnte ich hier auf dem Gut ein Nachtlager bekommen?« Keine Antwort. Ich wiederhole freundlich meine Frage, vielleicht hat man sie überhört. – »Da müssen Sie gefälligst warten, bis das gnädige Fräulein kommt. Die entscheidet darüber«, sagt eine mit halbabgewandtem Gesicht vor sich hin, so als wolle sie betonen, daß die Wichtigkeit ihrer Beschäftigung nicht einmal ein Kopfwenden zulasse. Ich schlucke an meiner Wut und drehe mich brüsk dem Hof zu, gehe an großen Stallungen vorbei, die für den Reichtum dieses Gutes sprechen, bemerke die sorgfältig geschichteten Misthaufen, die verraten, welch mustergültige Ordnung auf diesem Anwesen herrschen muß. Ich öffne eine Gartentür, die zu einem Park führt, und betrete zögernd gepflegte, mit rötlichem Kies bestreute Wege. Durch die Stämme alter Bäume erblickt man die weiße Fassade des Herrenhauses. Von dort kommen Stimmen.

Der Weg mündet auf einen mit Blumenrabatten verzierten Platz. Um einen gedeckten Gartentisch sitzt in der freundlichen Abendsonne eine Gesellschaft.

Ich bleibe im Schatten der Bäume stehen, um dieses schöne farbenprächtige Bild von Wohlhabenheit und Frieden genießen zu können. Helle Sommerkleider, gut angezogene junge Männer, ein gepflegter alter Herr und ihm zu Füßen eine glänzend schwarzweiß gefleckte Dogge. Es wird laut und unbekümmert gelacht. Bei meinen nächsten Schritten knirscht der Kies, die große Dogge hebt den Kopf und beginnt zu knurren. Man mustert mich, ein wenig erstaunt, ein wenig gelangweilt. Der Alte hält den Hund zurück. Auf meine Frage nach einer Möglichkeit zum Übernachten werde ich wiederum an das »gnädige Fräulein« verwiesen. Als ich mich abwende, um irgendwo im Park zu warten, spricht mich der Alte an: »Woher kommen Sie eigentlich? Was haben Sie denn für ein merkwürdiges Abzeichen an Ihrer Bluse?« In Boizenburg hatte man mir geraten, den roten Stoffwinkel der politischen KZler aus Sicherheitsgründen an die Bluse zu nähen. – Ich erkläre es dem Alten. Sein Gesicht verrät Bestürzung, aber bevor er noch etwas äußern kann, fragt mich einer der jungen Männer: »Sagen Sie mal, war es denn in diesen Lagern wirklich so schlimm, wie jetzt überall behauptet wird? Die Millionen Vergasten hat sich doch bestimmt der Amerikaner ausgedacht?! – Sie jedenfalls scheinen ja ganz gut durchgekommen zu sein!« Und ich stehe da, abgemagert, zerlumpt, über und über mit Staub bedeckt und wünsche mir nichts als die Kraft, dieser anmaßenden Frechheit ins Gesicht zu schlagen. Es überwältigt mich ein nie gekannter Haß und gibt mir Worte ein, deren ich bis dahin nicht fähig gewesen wäre. Ich will von dieser Tischrunde wissen, ob sie Bergen-Belsen kennen, das Vernichtungslager, das keine 10 Kilometer von ihrem idyllisch unberührten Gut entfernt lag. Ob sie etwa auch diesen Namen nicht gehört hätten? Ich bedaure, daß man versäumt hat, alle diejenigen, die die Verbrechen in den KZs, die die Millionen Ermordeter in ein Greuelmärchen umlügen wollen, nur für einen Tag und für eine Nacht vor die Haufen von Leichen zu setzen, die in Bergen-Belsen unbestattet verwesten, als die alliierten Truppen das Lager befreiten...

In weißer Hemdbluse, in Reithosen und Stiefeln betritt das gnädige Fräulein den Platz. Lebhaft wendet sich ihr die Gesellschaft zu, sichtlich erleichtert über diese Unterbrechung. – Der Alte fragt seine Tochter, sozusagen in meinem Namen, nach einem Quartier für die Nacht. Ihre Antwort richtet das »gnädige Fräulein« an mich: »Im Haus haben wir nichts frei. Aber Sie können ja in der Scheune schlafen.« Der Alte will etwas einwenden, aber seine Tochter fährt ihm barsch über den Mund: »Wer ist für die Verwaltung verantwortlich? Du oder ich? – Ich habe es satt, mir dauernd dazwischenreden zu lassen!« – Alles schweigt. Ich lasse mir die Scheune zeigen und frage die Gutsherrin, als wir auf dem Wirtschaftshof angekommen sind, ob sie mir vielleicht einen halben Liter Milch verkaufen wolle. »Nein«, ist die Antwort, »das dürfen wir nicht, die Milch ist bewirtschaftet.«

Gleich hinter den Gesindehäusern schlängelt sich ein kleiner Fluß durch Weiden und dichtes Erlengestrüpp. Dort ist die Luft kühl und erfüllt von kräftigem Sumpfgeruch. Durch das seichte klare Wasser sieht man die rostfarbenen Kiesel am Grund. Ich sitze auf dem Holzsteg für die Wäscherinnen und spüle mir den Staub der Landstraße herunter. Das ist derart erquickend, daß sich nach und nach mein Zorn besänftigt. Als ich dann bis zu den Knien in den Fluß wate und das langsam fließende weiche Wasser die Haut streichelt, beginnt mir das Leben wieder zu gefallen.

Das große Holztor der Scheune schließt sich knarrend. Noch eine Weile knistert das Heu bei meinen Bewegungen. Dann wird es still. Als sich mein Ohr an die Stille gewöhnt hat, vernehme ich geheimnisvolle Geräusche. Ich lausche in die undurchdringliche Dunkelheit. Von allen Ecken kommt Geraschel und leises Gepfeife. Ich versuche zu unterscheiden, ob es Ratten sind, Mäuse oder Fledermäuse, die mir dieses seltsame Konzert geben. Sollen sie nur, ich fühle mich wohl in ihrer Gesellschaft. – Wie gut es ist, allein zu sein, selbst in dieser schmutzigen Scheune, allein und nicht mehr mit Hunderten Frauen in eine Baracke gepfercht. In dem glücklichen Gefühl, nun frei zu sein, schlafe ich ein ... Ein Rauschen und Brausen weckt mich aus den schönsten Träumen. Es geht ein Wolkenbruch nieder, und der Regen pladdert auf das große Dach der Scheune. An Einschlafen ist nicht mehr zu denken, denn mich quält ein unerträglicher Schmerz an den Füßen, so als hätten sich alle Knochen entzündet.

Am Morgen sind die Knöchel dick geschwollen, und das Auftreten ist eine einzige Qual, viel schlimmer aber noch das Radfahren. In Celle sagt man mir, daß es eine Sehnenscheidenentzündung sei, die nur bei absoluter Ruhe heilen würde. Ruhe!? Nein, das kommt später. Erst muß das Ziel erreicht werden. Ausgerechnet jetzt sollte ich meine Fahrt unterbrechen, wo es kein Hindernis mehr gibt. Das ist unmöglich. Um jeden Knöchel wird fest ein Taschentuch gebunden, und weiter geht es mit knirschenden Sehnen. Es ist ein Wunder, zu was die wiedergeschenkte Freiheit den Menschen befähigt.

Die Kräfte sind verdoppelt, und Krankheiten werden nicht zur Kenntnis genommen. Ich fahre langsam, langsam in Richtung Hannover. Das Wetter ist trübe und macht schläfrig. Plötzlich schrecke ich zusammen. Von irgendwoher hat es »Hallo!« gerufen. Aus dem Straßengraben winkt eine Frau. Ich steige vom Rad, und sie kommt auf mich zugelaufen. Da bemerke ich, daß sie die feldgraue Aufseherinnen-Uniform der SS trägt. Sie redet sofort atemlos auf mich ein:

»Können Sie sich nicht an mich erinnern? Ich bin doch ›Shenja‹! So nannten mich die Polinnen in Ravensbrück! – Waren Sie nicht auch mal in der Waldkolonne? Heißen Sie nicht Grete?« – Sie läßt mich gar nicht zum Antworten kommen, deutet auf ihr entzündetes, ganz verschwollenes Gesicht. »Natürlich sah ich damals anders aus. Aber nach so langer Zeit im Bunker kriegte ich auch noch Gesichtsrose und mußte in Schwerin ins Krankenhaus!« Ihre Stimme zittert vor unterdrückten Tränen. »Ja, natürlich, jetzt kann ich mich erinnern, wer Sie sind! Kamen Sie

nicht damals in den Bunker, weil Sie für die polnischen Häftlinge Briefe an Verwandte schmuggelten? Und ist nicht später auch noch eine aus Ihrer Kolonne geflohen? War es nicht so?«
Sie nickt unter Tränen: »Ja, ganz genau so. Bis man vor fünf Wochen das ganze Lager Ravensbrück evakuierte, saß ich im Bunker. Dann erst ließen sie mich raus. – Was soll nun aus mir werden. In Ulm, wo ich ja zu Hause bin, wird man mich doch gleich verhaften als ehemalige Aufseherin eines Konzentrationslagers.«
Sie beginnt hemmungslos zu schluchzen.
»Aber, wo denken Sie hin! Warum sollte man Sie verhaften, Sie haben doch so vielen Häftlingen geholfen und saßen für Ihre Anständigkeit im Gefängnis«, versuchte ich sie zu beruhigen.
»Wer wird mir das schon glauben«, wendet sie mit trostloser Stimme ein.
Ich sitze neben »Shenja« am Waldrand und notiere ihr Adressen ehemaliger Häftlinge auf, rate ihr, an diese zu schreiben, sowie es wieder Postverkehr gibt, und gebe ihr meine eigene Adresse in Thierstein an.
»Aber als allererstes, Shenja, müssen Sie sich irgendwelche anderen Kleider beschaffen. Wie können Sie denn jetzt noch in SS-Uniform herumlaufen! Sie riskieren ja, daß man Sie verprügelt oder gar totschlägt!«
»Vielleicht haben Sie recht, aber daran habe ich noch gar nicht gedacht, weil ich doch kein schlechtes Gewissen zu haben brauche, denn ich habe doch niemand etwas Böses getan.«

Eugenie war erst 18 Jahre alt, als man sie aus irgendeiner Fabrik, wo sie arbeitete, nach Ravensbrück dienstverpflichtete. So wurde sie SS-Aufseherin. Erst als sie in Ravensbrück anlangte, wurde ihr klar, daß sie in einem Konzentrationslager arbeiten sollte. Sie war entsetzt, aber wagte es nicht, dagegen zu protestieren. Das Glück wollte, daß sie Aufseherin der »Waldkolonne« wurde, die aus polnischen Häftlingen bestand. Eugenie war ein naives, gutmütiges Mädchen, und die Polinnen kamen ihr freundlich entgegen. So wurden sie schnell miteinander vertraut. Vielleicht dachte sie sich gar nichts dabei, wenn sie die Briefe der Gefangenen schmuggelte. Sie war ein ganz natürlicher, gutmütiger Mensch, der anderen gern einen Gefallen tat. Sie hatte eben nicht das Zeug dazu, eine richtige SS-Aufseherin zu werden. Für diesen Mangel mußte sie bitter büßen, die Gestapo sperrte sie für zwei Jahre ins Zellengefängnis von Ravensbrück . . .

## 1. Kapitel

# Sodom und Gomorrha

Mit Hannover erlebe ich die erste zerstörte Großstadt. Ich führe das Rad über die zerrissenen, mit Glasscherben bedeckten Straßen. Kilometerweit sieht man auf beiden Seiten nichts als die klaffenden Mäuler der Ruinen, die Reste von Fabriken mit ihren bizarr verknäulten Eisengerüsten. In dieser zerschmetterten Stadt hat es aufgehört, Frühling zu sein. Selbst die Sonne scheint gelb und böse, ihr Glanz wird verschleiert durch die schmutziggrauen Staubschwaden, die der Wind vor sich hertreibt. Viele Menschen gehen durch diese häuserlosen Straßen, und ich frage mich verwundert, wo sie alle wohnen mögen, woher sie kämen und wohin sie wieder untertauchen würden. Langsam dringe ich bis zum Zentrum der Stadt vor und finde dort die Betreuungsstelle für ehemalige KZler. Der Raum ist erfüllt vom hemmungslosen Schluchzen einiger Zigeunerfrauen. Sie suchen ihre Männer und Söhne. Da hilft kein tröstender Zuspruch: »Ihr werdet sie schon wiederfinden ...«, denn niemand glaubt diesen Worten. Da stehen sie nun, die Befreiten, und haben nur einen Gesprächsstoff: Wer waren deine Kameraden? Ist der Sowieso am Leben geblieben? Wann hat man bei euch aufgehört zu vergasen? Haben sie auch bei euch zum Schluß noch welche erschossen? Ich lausche der Unterhaltung zwischen zwei jungen Männern. Es geht um Frauen. »Für mich kommt nur eine ehemalige KZlerin in Frage! Könntest du dir überhaupt vorstellen, eine andere zu heiraten? Über was soll man sich denn mit der unterhalten? Nur eine, die dasselbe hinter sich hat, kann einen überhaupt noch verstehen.«

Als Durchreisende erhalte ich Geld, Lebensmittelkarten und eine Schachtel Zigaretten. Eine Unterkunft für die Nacht gibt es in dieser zerstörten Stadt auch für KZler nicht. Man empfiehlt mir, im Bahnhofsbunker zu schlafen. Ich erfahre, daß in Hannover ein Büro des Internationalen Roten Kreuzes existiert und wende mich dorthin, voller Hoffnung, nun endlich meinen Kindern nach Palästina schreiben zu können, ihnen mitzuteilen, daß ich am Leben geblieben sei. Noch in Mecklenburg hatte ich den ersten Versuch gemacht, ein Lebenszeichen ins Ausland zu senden. Ich sprach auf der Landstraße einen jüdisch aussehenden Soldaten der US-Armee an, schilderte ihm meine Situation und bat, er solle für mich eine Mitteilung nach Jerusalem senden, da es doch für Deutsche keine Postverbindung gab. Fast ein Jahr später sollte ich erfahren, daß der Soldat meinen Wunsch erfüllt hatte. Anders verläuft der zweite Versuch beim Internationalen Roten Kreuz, wo man meine Bitte als geradezu vermessen abweist. KZ hin, KZ her, eine Deutsche hat kein Recht, diese internationale Hilfsorganisation in Anspruch zu nehmen.

Mit den Worten: »Wenn Sie so viele Jahre gewartet haben, Ihren Kindern eine Mitteilung zu schicken, können Sie sich auch noch etwas länger gedulden«, fertigt man mich an einem Schalter ab.
Ich stehe vor den Resten des pompösen Hauptbahnhofs von Hannover. Es regnet in Strömen. Auf dem weiten Bahnhofsplatz, den ein Ruinenfeld umgibt und dessen Asphalt von Brandbombeneinschlägen über und über zernarbt ist, ragt als letzter unzerstörter Zeuge früheren Glanzes das einsame Reiterstandbild des Königs Ernst August.
Das Regenwasser rinnt in grünspanenen Bächen über Roß und Reiter, und nur mit Mühe kann man noch die Inschrift am Sockel des Monuments entziffern: »Dem Landesvater sein dankbares Volk ... «
In den Teilen der Wartesäle, der Bahnsteige und Gänge, deren Dächer den Bomben standgehalten haben, drängt sich die Masse der Flüchtlinge. Apathisch, grau, mit verfallenen Gesichtern hocken sie überall herum oder bewegen sich mit langsamen mechanischen Schritten wie Betäubte. Wenn es irgendwo laut zugeht, so sind es meistens junge Frauen, die sich lärmend behaupten. Es ist erschreckend, wie sehr chaotische Zeiten die Gesichter und das Gehabe von Frauen verändern. Bei vielen sind Ausdruck und Gebärden brutal und provozierend, und nicht wenige erinnern mich an die Frauenhäftlinge in Sibirien. Ob es der rücksichtslose Kampf ums Dasein ist oder ob Diktaturen solche Typen prägen?
Erschütternd sind die improvisierten Fahrzeuge der Flüchtlinge, auf denen sie ihre letzten Habseligkeiten

transportieren. Vier kleine Rollen, darüber ein Brett genagelt, und fertig ist das Gefährt. Besser sind schon die dran, die zwei Fahrräder oder solche von Kinderwagen besitzen, und ganz besonders begehrt sind natürlich richtige Kinderwagen, von Fahrrädern gar nicht erst zu reden. – Wo aber läßt man nun diesen wertvollsten Besitz, das Fahrrad, wenn man im Bunker übernachten will? Wie kann man verhindern, daß es gestohlen wird? Ebenso erstaunt wie gerührt stelle ich fest, daß in dem ganzen Durcheinander des zerstörten Bahnhofs, in den es vorn und hinten hereinregnet, wo kein Zug weder abgeht noch ankommt, die Handgepäckaufbewahrung, so als sei nichts geschehen, in Betrieb ist. Ein braver Eisenbahner balanciert zwischen den Regenpfützen hin und her und stellt geduldig numerierte Zettel aus, kassiert das Geld und behütet die abgegebenen Schätze. Heilige deutsche Ordnung!

Der Bahnhofsbunker ist überfüllt, ohne KZ-Entlassungsschein wäre ich gar nicht hineingekommen. Alle Strohsäcke sind belegt, aber ich finde noch einen Platz an einem der langen Holztische. Auf den Pritschen liegen Frauen mit Kindern. Auch hier schläft man in mehreren Etagen. Das gehört nun mal zu den Errungenschaften des Naziregimes, ebenso wie die ebenerdigen Baracken, der Hitlersche »Barackstil«, wie wir es im KZ genannt haben. In der trüben Beleuchtung des Bunkerraumes mustere ich die Tischrunde, zu der ich mich für eine Nacht gesellt habe. Es sind meistens Soldaten, ältere Jahrgänge, Volkssturmleute. Einige schlafen schon, den Kopf auf die Arme gelegt. Andere führen eine leise, monotone Unterhaltung. Ich horche auf, als der mir Gegenübersitzende seinem Kameraden mitteilt, daß er in Mannheim-Viernheim zu Hause sei. Beim Namen dieser Stadt fallen mir die letzten verzweifelten Worte Grete Sonntags wieder ein: »Nie im Leben werde ich meinen Vater und meine Mutter wiedersehen. . . . « Ich wende mich an den Soldaten: »Kennen Sie zufällig eine Familie Faltersleben in Viernheim?« (Faltersleben war der Mädchenname von Grete Sonntag und Änne ihr richtiger Vorname). Der Soldat antwortet freundlich: »Aber sicher. Die sind beinahe meine Nachbarn.« – »Dann wissen Sie vielleicht auch, wie es Vater und Mutter Faltersleben geht? Ob sie gesund sind?« – Erstaunt kommt es zurück: »Na, hören Sie mal, wenn Sie die Leute kennen, sollten Sie ja wohl auch wissen, daß der Alte schon seit ein paar Jahren tot ist! – Übrigens, was interessiert Sie die Familie eigentlich? Sind Sie denn aus Viernheim?« – »Nein, das nicht, aber ich war mit der Änne zusammen, und ich möchte Sie sehr bitten, wenn Sie nach Hause kommen, Mutter Faltersleben zu erzählen, welches Schicksal ihre Tochter hatte.« Mit einem Mal ist im Gesicht des Soldaten auch keine Spur von Freundlichkeit mehr zu entdecken, er wirkt verschlossen und mißtrauisch, so daß mir die Lust zum Sprechen vergeht. Da beginnt er wieder: »Die Änne, die habe ich gut gekannt, und ich weiß auch, wie's der geht. Wo wollen denn ausgerechnet Sie das Mädel gesehen haben? Die ist ja schon seit zehn Jahren nicht mehr in Deutschland! Erzählen Sie doch keine

Märchen!« – »Nein, das tue ich auch nicht. Ich habe sie zuletzt in Sibirien gesehen.« Und dann beginne ich, von unserer gemeinsamen Lagerzeit zu erzählen. Das Gesicht meines Gegenübers wird von Minute zu Minute hoffnungsloser. Als ich geendet habe, beugt er sich über den Tisch und stößt in schmerzlichem Ton hervor: »Und das sollte einer so treuen Kommunistin passiert sein wie der Änne? Das ist doch menschenunmöglich! Hatten etwa die Nazis doch nicht gelogen, als sie so was in ihren Zeitungen schrieben? Das mit den Schauprozessen? – Und da hat sich unsereiner durch die ganzen Jahre gedacht, Gott sei Dank, daß wenigstens die Änne in Sicherheit ist. Die hat es geschafft, kann in einem sozialistischen Land leben. Und wie oft habe ich mir gewünscht, auch so ein Glück zu haben...«

Schon morgens um 6 Uhr radle ich am nächsten Tag fröstelnd über die Chaussee, die nach Hildesheim führt. An den Mauern längs der Ausfallstraße begleiten mich die mit weißer oder schwarzer Farbe gemalten Nazilosungen der letzten Kriegsjahre. »Volk ans Gewehr!« steht da in riesigen Buchstaben oder: »Lieber tot als Sklav'!«

Von allen möglichen Stellen, manchmal sogar noch von den Litfaßsäulen, von denen längst schon die Fetzen hängen, dräut eine schwarze Silhouette, die ich zuerst für die Reklame eines Kriminalromans halte, bis mich die Unterschrift »Feind hört mit!« eines Besseren belehrt.

Noch keine halbe Stunde lag der Stadtrand Hannovers hinter mir, als ein schon lange befürchtetes Unglück eintritt. Mein Fahrrad hat eine Panne, und ich besitze weder Klebstoff noch Gummi. Weit und breit ist kein Haus zu sehen. Erst nach einer Weile tauchen in der Ferne Gebäude auf, ein einsamer Bauernhof. Vielleicht wird man mir dort helfen. Ein alter Mann, der Besitzer des Gehöftes, begegnet meiner Bitte um Reparatur des Schadens mit der kategorischen Frage: »Was können Sie dafür zahlen?« Ich biete Geld an, was er als unverschämte Zumutung ablehnt. Dann offeriere ich meine Schachtel Zigaretten, worauf er herablassend zustimmt. Der Sohn verrichtet die Arbeit, der Alte nimmt die Zigaretten entgegen. Als er aber feststellt, daß zwei Stück aus dieser Schachtel fehlen, obgleich ich von einer ganzen Schachtel sprach, poltert er empört los und erklärt, daß nun die Abmachung nicht gelte. Er befiehlt sogar seinem Sohn die Reparatur, die bereits fertig ist, wieder rückgängig zu machen. Ich verlege mich aufs Bitten und der Bauer aufs neuerliche Fordern. Zu guter Letzt luchst der alte Gauner mir einen Füllfederhalter ab, ein Abschiedsgeschenk von Inka, als ich Ravensbrück verließ. Ich würde über dieses Erlebnis kein Wort verlieren, wenn es sich dabei um einen Einzelfall gehandelt hätte. Aber leider ist das ein typisches Beispiel für die Mentalität vieler deutscher Bauern. Für sie war der in Not geratene Mitmensch ein willkommenes Objekt, um gerupft zu werden. Folgende kleine Geschichte spielte sich 1945 in Hessen ab. Eine hungernde Städterin ging aufs Land, um etwas Eßbares zu hamstern. Als sie einer Bauersfrau für ein Stückchen Speck ein Bettlaken anbot, wies diese sie

mit folgenden Worten höhnisch ab: »Für Speck, da müssen Sie schon was anderes mitbringen. Auf Ihr Laken verzichte ich! Das wäre das hundertste, das man mir herschleift!«
In vielen Dörfern begegne ich dem gleichen Bild. Auf der breiten Dorfstraße, die eher einem Platz gleicht, haben die Amerikaner die Kolonnen ihrer Lastautos aufgebaut. Die graugrüne Kriegsfarbe dieser Karrees sticht seltsam ab von dem Rahmen der freundlichen schilfgedeckten Fachwerkhäuser aus rotem Ziegel. Zwischen den amerikanischen Soldaten, ganz besonders den Neger-Soldaten, und den Dorfkindern herrschen die besten Beziehungen. Über Schokolade kann man sich ausgezeichnet verständigen. Immer wieder wundere ich mich auf dieser langen Fahrt über die Mengen amerikanischer Benzinkanister, die in den Straßengräben herumliegen und komme bei den Haufen fortgeworfener Konservenbüchsen aus so feinem Weißblech ständig in Versuchung, sie aufzuheben und in den Rucksack zu stecken. Einmal liegt auf der Landstraße etwas leuchtend Orangefarbenes. Schon von weitem wird mein Blick magisch angezogen. Es ist ein Stück Apfelsinenschale, und ich hebe es auf. Über zehn Jahre hatte ich diese Farbe und diesen Duft nicht mehr genossen. Mit einem Schlage kommen mir alle Kinderweihnachten ins Gedächtnis zurück, die für mich untrennbar mit dem Duft von Orangen verbunden sind.

## 2. Kapitel

# Der Gefangene und die Freiheit

Schon in Hannover hatte ich erfahren, daß zwischen Hildesheim und Göttingen ein Zug verkehrt. Als ehemaliger KZler erhalte ich eine Fahrkarte, und so gelingt es mir, noch am gleichen Tag in Göttingen zu sein. Spät abends in einer fremden Stadt ohne Straßenbeleuchtung. Es herrscht völlige Dunkelheit, denn nicht einmal aus den Fenstern der Wohnhäuser fällt ein Lichtstrahl auf die Straße. Die bei den Bombenangriffen geplatzten Scheiben sind durch Pappe oder Sperrholzplatten ersetzt. Wieder stellt sich das Problem des Übernachtens. Irgendein Passant rät mir, im Polizeirevier nachzufragen. Ich betrete es voller Hemmungen. Hinter der Barriere sitzt ein älterer Beamter. Ich krame mein Entlassungspapier aus der Tasche und lege es ihm vor. Durch das ständige Auf- und Zufalten ist der Zettel in den Knicken schon ganz zerrissen und in vier Teile auseinandergefallen. Der Polizist ergreift die Fetzen, liest sorgfältig Zeile für Zeile und blickt dann von unten herauf über die Brillenränder auf mich. Kopfschüttelnd und im Ton echter väterlicher Entrüstung erteilt er mir einen Verweis: »Wie können Sie nur mit einem Dokument so liederlich umgehen! Wissen Sie denn nicht,

daß dieser Schein Gold wert ist?!« Ganz verdattert suche ich nach einer entschuldigenden Erklärung. Ich fühle mich plötzlich zehnjährig, so als sei ich vom Lehrer wegen schmutziger Schulhefte getadelt worden, und ohne zu wissen, wie mir geschieht, nehme ich vor diesem Polizisten Haltung an, drücke die Arme an die Seite, ganz so wie in Ravensbrück. Für Minuten habe ich vergessen, daß ich ein freier Mensch bin.
Der alte Polizist holt seinen großen Leimtopf, wählt sorgfältig ein Stück biegsamer weißer Pappe, schneidet es mit aller Umständlichkeit zurecht und klebt darauf das so achtlos zerstörte »Wertpapier«. Dann wünscht er mir viel Glück in der Freiheit und befiehlt einem jüngeren Kollegen, mich für die Nacht in seiner Wohnung unterzubringen. Seit diesem Erlebnis hatte die Hilfspolizei nichts Erschreckendes mehr für mich, und bis zur Heimkehr bewährte sie sich ausgezeichnet als Zimmervermittlerin.

*

In der Gefangenschaft vergißt man nach einigen Jahren, wie das Leben in der Freiheit wirklich ist. Es bleibt nur eine ganz vage Vorstellung. Das Bild meiner Sehnsucht während dieser Zeit war ein schattiger, grasbewachsener Waldweg, der von frühsommerlichem Laub überdacht ist und auf dem goldgrüne Sonnenflecke liegen. Jetzt auf der Fahrt durch den Thüringer Wald wird dieser Traum zur Wirklichkeit. Durch das liebliche Tal folgt meine Straße den Windungen eines Gebirgsflusses. Es ist Juni, und die

Wiesen sind mit Blumen übersät. Ihr strahlendes Grün hebt sich gegen den dunklen Hintergrund der mit Fichten und Tannen bewachsenen Berghänge ab. An einer Stelle weicht das Flüßchen in großem Bogen der Landstraße aus, und ich gehe über die Wiese bis an das Gestrüpp seines Ufers. Die Büsche bilden Nischen, in denen man sich gegen die Sicht von der Landstraße her verstecken kann, und ein flacher Felsen ist der ideale Badeplatz.
Beide Ufer sind so dicht mit Bäumen und Sträuchern bewachsen, daß der Flußlauf in tiefem Schatten liegt. Sein Rauschen verschluckt jedes andere Geräusch. Über rundgewaschene Felsblöcke schießt das Wasser in kleinen Fällen, bildet Strudel, Katarakte und dunkle Wirbel zum Ufer hin. Ich lasse mich vorsichtig hineingleiten, packe mit beiden Händen einen umfluteten Stein, und das stürzende Wasser reißt mir den Körper unter den Füßen weg. Im schwerelosen Schwingen, ganz hingegeben diesem spielerischen Kampf mit der starken Strömung, empfinde ich nur noch Freude am Dasein, Lust am eigenen Körper. Vergessen ist alles, was hinter mir liegt, und ich weiß nichts von morgen, ich lebe in vollen Zügen diese kurze Spanne Zeit. Auf einem geschützten Platz hinter den Büschen durchwärmt mich dann die Sommersonne, und ein leichter Wind geht wie ein Atem über die Haut.

*

Es ist schon später Nachmittag, als ich mein Rad langsam bergan schiebe. Wieder einmal machen mir die Reifen Sorge, und ich bleibe stehen, um sie zu prüfen. Da springt ein Radler neben mir ab und fragt freundlich, ob ich etwa eine Panne hätte. Wir kommen ins Gespräch, und er erzählt, daß er von einer erfolgreichen Hamstertour käme, die ihm zwei Flaschen selbstgebrannten Wacholderschnaps eingebracht habe. Ein Wort gibt das andere, und dann sitzen wir lachend am Straßenrand und probieren seine geistigen Getränke. Vor uns an einer Biegung des Tales ragt ein zerstörter Viadukt. Er wird zum Thema unseres Gespräches. Mein Gastgeber ist nämlich Brückenbauer von Beruf. Die Kriegszeit verbrachte er wegen eines Beinschadens in der Heimat, und wie ich voller Staunen aus seinem immer feuriger werdenden Redestrom entnehme, ist er überzeugt, daß eben jetzt für ihn die große Zeit beginnen werde. In seiner Phantasie läßt er vor mir alle zerstörten Brükken in altem Glanz wieder erstehen. Er werde viele von ihnen selbst aufbauen, und das soll die große Chance seines Lebens werden. Am Straßenrand im Abendsonnenschein schwärmt er von Brückengerüsten und Filigranpfeilern, plant und montiert und mokiert sich über alle die, die beim Anblick der vielen zerstörten Brücken jammern. Aber wie ich aus seinen Worten entnehme, ist es nicht etwa das kommende Geschäft, das ihn so hinreißt, es ist vielmehr die Aussicht auf die unerschöpfliche Fülle der Projekte. Zum Abschied empfiehlt er mir eine Wassermühle im Tal, wo er Freunde hat, die mir ein Nachtlager geben würden.

Ich komme in ein Haus voller Frauen und Kinder,

Besitzer und Flüchtlinge auf engem Raum zusammengedrängt. Die Müllerin blickt auf den Trubel wie ein Einsiedler auf eine zufällig in seinen Wald verschlagene Reisegesellschaft. Sie läßt sich zwar weder aus der Ruhe bringen noch in ihrem Optimismus erschüttern. »Alles ist ja nur ein Übergang, und bald werden wir wieder normale Zeiten haben.« Sie gibt mir die herzliche Einladung mit auf den Weg, im nächsten Jahr meine Ferien bei ihr zu verbringen. Ferien hat sie gesagt?! So etwas wird es nie wieder geben...

Ein klarer Sommertag übertrifft den anderen an Schönheit. Ich radle genießerisch langsam auf einer Höhenstraße. Mein Blick geht über das besonnte Schachbrett der Felder hin zu den Hügelketten des Frankenwaldes, die zartblau den Horizont begrenzen. Ich ertappe mich bei dem Gedanken, daß diese Wanderung doch nie aufhören möge. Was wird sein, wenn ich mein Ziel erst erreicht habe? Ich wußte, daß damit dieses herrliche Wanderleben, ohne Verantwortung, ohne Sorgen um die Zukunft, dieses Hineinleben in den sonnigen Tag, ein Ende nehmen würde. Was hatte Emmi gesagt, als wir noch gemeinsam über die Landstraßen gezogen waren? »Du bist eine Abenteuerin!« Hatte sie etwa doch recht gehabt? Ich konnte nicht anders, ich mußte mir eingestehen, daß mich eine Art Nomadismus gepackt hatte, aber ich empfand diese Wanderlust nicht als Krankheit, und wenn es wirklich eine Krankheit war, dann war ich nur allzusehr bereit, sie auf mich zu nehmen. Ihre Symptome machten mich nur heiter und glücklich.

Dann kam ein Dorf mit bellenden Hunden und dann ein von Obstbäumen gesäumter Weg. Kirschen leuchteten in den grünen Baumkronen. Ich wußte nicht mehr, wie so etwas schmeckt. Ohne lange zu überlegen, hatte ich schon einen Baum erklettert, saß voller Eroberergefühle auf einem Ast, zog die Zweige mit den blanken Früchten an mich heran und genoß, was mir der Sommer beschert hatte. Doch das Vergnügen sollte nur von kurzer Dauer sein. Ein Bauer kam vom Dorf herbeigerannt, brüllte schon von weitem und drohte mit der Faust. Ich verstand etwas von »Gendarmen«. Hielt der mich wirklich für einen Dieb? Das war mehr als absurd! »Gendarmen«, wo es um eine Handvoll Kirschen ging! Ich hätte flüchten können, fühlte mich jedoch so sehr im Recht, daß ich im Baum sitzen blieb. So erlebte ich einen meiner seltsamsten Dispute. Unten der keifende Bauer, oben ich mit baumelnden Beinen. Eigentlich war mir zum Lachen zumute, aber die Wut des Bauern trieb mich schließlich in heftige Aggressivität. Ob er es begriff, was ich ihm da über Konzentrationslager und das Sterben erzählte, weiß ich nicht. Aber die Erwähnung der Millionen Flüchtender auf den Landstraßen, die weder ein Dach über dem Kopf noch genügend Brot hätten, um satt zu werden, ließ ihn dann doch verstummen. Erst, als er leise vor sich hinbrabbelnd den Weg zurückging, stieg ich vom Baum herunter.
Bei Saaldorf ereilte mich das Schicksal, und schuld daran war die zerstörte Brücke. Man wies mir den Weg zu einer Stelle, wo eine Fähre verkehrte. Ich

entdeckte sie von einem Abhang aus, der steil zum Fluß hinunterfiel. Es war höchste Eile, denn sie näherte sich gerade meinem Ufer. Wie so oft in jener Zeit des völligen Chaos ergriff mich das Gefühl, daß diese Fähre meine letzte Chance sei, das andere Ufer zu erreichen. Ein ebenso schmaler wie abschüssiger Serpentinenweg führte hinab zur Anlegestelle. Ich ließ das Fahrrad sausen, überwand einige Biegungen gerade noch mit knapper Not und stürzte dann mit voller Wucht kopfüber. Ein Bein hatte sich im Fahrrad verklemmt. Der Schlag war so heftig, daß ich in den ersten Minuten nicht einmal Schmerzen verspürte, mich aufraffte und mit letzten Kräften zur Fähre humpelte. Dann aber war es geschehen. Das Bein versagte seinen Dienst. Freundliche Leute brachten mich zu einer Rot-Kreuz-Stelle der amerikanischen Armee, wo ein Sanitäter einen kunstgerechten Zinkleimverband anlegte und mich beschwor, einige Tage im Bett zu bleiben, weil ich, wie er behauptete, neben der gefährlichen Verletzung auch noch Wasser in den Beinen hätte. Das war zwar beunruhigend, aber zum Kranksein hat man auf der Landstraße keine Zeit, noch dazu, wenn das Ziel so greifbar nahe ist. Heute noch mußte ich Hirschberg erreichen, denn dann trennten mich nur noch zwei Tage von der endgültigen Heimkehr, von Thierstein.

Mit vielem Dank für die Hilfe hinkte ich davon. Was für ein Segen ist doch so ein Fahrrad. Selbst mit einem kranken Bein kommt man noch vorwärts. Aber die Schmerzen verdüsterten mir die Welt, und unter großer Mühe erreichte ich gegen Abend das Städtchen Hirschberg. Auf der Hauptstraße stand ein Hilfspolizist. Der würde mir helfen, schnell ein Nachtlager zu finden. Auf meine Bitte hin kam weder ja noch nein, sondern die beinahe erregte Frage: »Sind Sie eine Politische?« Und als ich nickte, forschte er zögernd weiter: »Etwa gar eine Kommunistin?« Ich zuckte zusammen und erwiderte: »Das war ich früher einmal...« Er ließ mich nicht weitersprechen, griff nach meiner Hand, und in sein Gesicht trat ein Ausdruck fanatischer Bewunderung und Unterwürfigkeit. »Genossin!« flehte er, »du mußt unbedingt in mein Haus kommen. Unser Gast mußt du sein! Du hast für uns gelitten...« Mir wurde übel. Mitleid und Abneigung kämpften in mir, doch das Mitleid siegte, und ich stimmte zu. Welche Qual ist es, als Märtyrer bewundert zu werden! Es kamen die »Genossen Nachbarn«, es wurde Kuchen gebacken und echter Kaffee herbeigezaubert. Schließlich teilten sie mir ganz im Vertrauen mit, wovon ihr Herz voll war. Mit strahlenden Gesichtern erzählten sie, welche Vorbereitungen sie bereits zum Empfang der Roten Armee getroffen hätten, denn nun sei ja kein Zweifel mehr daran, daß Thüringen kommunistisch werde. Sie würden den sowjetischen Genossen mit Transparenten und roten Fahnen entgegengehen.

Wie ich später erfuhr, brauchten sie nicht mehr lange zu warten. Schon drei Tage danach war es soweit: das Land Thüringen wurde dem sowjetischen Machtbereich einverleibt.

## 3. Kapitel

# Panik vor dem Ziel

Am nächsten Tag galt es, die bayrische Grenze zu passieren, und das war kein leichtes Unterfangen. Die Amerikaner hatten an allen Übergangsstraßen Sperren errichtet, denn sie wollten sich des neuen Flüchtlingsstromes erwehren, der aus Thüringen kam, in Bewegung gesetzt durch die Gerüchte um das baldige Vordringen der Russen. Der Sohn des kommunistischen Hilfspolizisten brachte mich auf Schleichwegen ins Bayerische bis auf die Autobahn. Von dieser nazistischen Errungenschaft hatte ich bisher nur vom Hörensagen gewußt. Nun lag sie verödet vor mir, ihre Brücken waren gesprengt, und Gras sproßte aus dem geplatzten Beton. Viele hundert Kilometer hatte ich schon auf verrotteten Landstraßen, ausgefahrenen Wegen und Stegen über Stock und Stein zurückgelegt. Da erschien mir die Autobahn wie das reine Wunder. Es war, als schwebe man dahin und könne mühelos unermeßliche Entfernungen überwinden. In diesem Rausch der Fortbewegung überfuhr ich dann auch prompt meine Abfahrt. Wieder einmal war eine gesprengte Brücke zu umfahren, und die Umleitung führte durch ein zerbombtes oder zerschossenes Dorf. Vielleicht entstand bei diesem erschütternden Anblick die Angst, die bald über mich kommen sollte.

*

Ausgerechnet in der letzten Nacht, bevor ich das ersehnte Ziel erreichen sollte, ergriff mich die Panik. Ob es das Dorf überhaupt noch gibt? Gegen 6 Uhr früh mache ich mich müde und zerschlagen auf den Weg. Gleich hinter Gefrees ist ein alter Mann damit beschäftigt, die tiefen Schlaglöcher der Landstraße mit Schotter zu füllen. Ich trete zögernd an ihn heran: »Kennen Sie Thierstein bei Höchstädt?« Auf seine Schaufel gestützt, blickt er mich aus rotgeränderten, triefenden Augen an und sagt in oberfränkischem Dialekt: »Ei ja, das kenne ich schon!« Voller Angst stelle ich die nächste Frage: »Ist Thierstein etwa auch zerstört?« Der Alte schneuzt sich umständlich und sagt, als sei es das Selbstverständlichste von der Welt: »Ei ja, das ist doch abgebrannt!« Als ich, nun schon in wilder Erregung, wissen will: »Auch das Haus vom Johannes Thüring?« dreht mir der Alte den Rücken zu, murmelt »Das weiß i net« und füllt weiter die Schlaglöcher mit Schotter.
Ich gehe einige Schritte bergan, werfe das Fahrrad in den Straßengraben, lasse mich niederfallen und lege den Kopf auf die Knie ... Und das Dengeln der Sensen klingt von den Wiesen herüber wie Hohn auf meinen Schmerz. Jetzt ist alles vorbei. Wozu noch weiterfahren...
Doch schon nach kurzer Zeit richte ich mich wieder auf und fasse einen beinahe unglaublichen Ent-

schluß: Sollte Thierstein wirklich in Trümmern liegen, sollte niemand mehr dort sein, so werde ich eben nach Potsdam fahren. Daß Potsdam von den Russen besetzt wurde, vergesse ich in der Erregung. Nur eines beherrscht mich: Ich muß Gewißheit haben über das Schicksal meiner Mutter. Es kümmert mich nicht im geringsten, viele hundert Kilometer ergebnislos hinter mich gebracht zu haben und daß nun weitere hundert Kilometer vor mir liegen würden. Ich denke weder an das verletzte Bein noch an das mögliche Versagen meiner Körperkräfte. Dieses geradezu selbstmörderische Überschätzen der eigenen Kräfte gehört mit zu den Veränderungen der Menschen durch lange Haft.
Beim Aufstehen will aber dieser Körper nicht so wie ich. Die Beine zittern, und keuchend mühe ich mich mit dem Fahrrad die steile Straße hinan. Ich muß Gewißheit haben. Auf einer Wiese wird Heu gemacht. Ich gehe hin zu den Bauern und erhalte eine Bestätigung der schlimmen Nachricht. Ja, Thierstein war wirklich abgebrannt. Das wußten sie alle. Manche sprechen vom ganzen Dorf, andere nur von der Hälfte. Eine SS-Formation habe sich auf dem Friedhof des Dorfes verschanzt und auf die anrückenden Amerikaner geschossen. Diese erwiderten mit Artilleriebeschuß, und das Dorf ging in Flammen auf.
Ich fahre mit verkrampftem Herzen weiter. Die Kräfte schwinden, je näher ich dem jetzt so gefürchteten Ziel komme. Als ich in einem Gehöft Wasser zum Trinken erbitte, wage ich nicht mehr zu fragen. In quälende Gedanken versunken, erreiche ich einen

Höhenzug, von dem man Aussicht auf die umliegenden Berge und Ortschaften hat. In nur wenigen Kilometern Entfernung gewahre ich über einem dunklen Tannenwald das ragende Turmdach der Burgruine von Thierstein. Das Dorf selbst ist durch die Bäume verdeckt. Der Anblick der Burgruine gibt mir seltsamerweise Hoffnung, und mit neuem Mut komme ich bis an den Fuß des Thiersteiner Berges. Auf einem Felde neben der Straße leuchtet das weiße Kopftuch einer Bäuerin. Ich lehne das Fahrrad gegen einen Baum und gehe langsam auf sie zu. Mir ist, als erwarte ich nun einen Urteilsspruch: »Das Haus des Johannes Thüring blieb unzerstört, und darin leben Ihre Mutter, Ihre Schwester, Ihr Schwager Dr. Fleiß und viele Kinder!« Tränen strömen mir übers Gesicht, ich schluchze und stammele Unzusammenhängendes, so daß die Bäuerin entsetzt verstummt, als ich wie gejagt zum Fahrrad stürze. Wie im Wahn überwinde ich mühelos die Steigung des Berges, rase durch die Dorfstraße mit leeren Fensterhöhlen, erkenne den alten Dorfbrunnen am Marktplatz und das Haus der Großeltern. Auf dem Hof steht meine Schwester. Sie schreit auf, als ich ihr in die Arme falle. Oben von der steilen Holztreppe im Hausflur ruft die altgewordene Stimme meiner Mutter ein- ums anderemal: »Ist sie wirklich gekommen! Ist sie wirklich gekommen. . . «

*

Was ich während eines Jahrzehnts nicht zu träumen gewagt hatte, war Wirklichkeit geworden. Mutter,

Schwester, der Schwager, fünf Kinder, eine ganze Familie nahm mich auf. Thierstein war zum Sammelpunkt der Verwandtschaft geworden. Dorthin hatten sie sich aus den Städten geflüchtet und gehofft, in dem abseits liegenden Dörfchen sicher zu sein. Doch um ein Haar wäre ihnen auch dort noch in den letzten Tagen des Krieges das Dach überm Kopf abgebrannt.
Nach den Aufregungen des Wiedersehens verlassen mich die Kräfte. Ich liege in der großen Schlafstube im ersten Stock. Mein Schwager Bernhard, der Arzt ist, behauptet, ich sei krank. Mir ist gar nicht so. Nur das Herz klopft hastig und spürbar zu allen Tages- und Nachtstunden. Anscheinend kann ich mich nicht zurechtfinden in der ruhigen Umgebung, der Sicherheit und dem geregelten Leben. Obgleich ich allen Grund gehabt hätte, glücklich zu sein, werde ich von Tag zu Tag unruhiger. Die Schrecken der vergangenen Jahre fallen über mich her. Es drängt mich, darüber zu sprechen. Aber wen interessiert das schon. Wenn ich an die Toten denke, packt mich würgendes Schuldgefühl. Warum durfte ich überleben, und sie mußten sterben? Mir ist so, als könne mich niemand wirklich verstehen. Schließlich fühle ich mich aus ihrer Welt ausgestoßen. Sie sprechen eine andere Sprache, und ihre Probleme gehen mich nichts an. Wie kann man nur ein solches Aufhebens machen wegen der Ernährung! Natürlich sind die Lebensmittelrationen klein, sechs Erwachsene und fünf Kinder wollen ernährt sein. Aber solange noch Kartoffelvorräte im Keller liegen, fehlt mir jedes Ver-

ständnis für ihre Aufregung. Über meinem Bett hängt, genau wie vor 27 Jahren, als ich das letzte Mal in Thierstein gewesen war, ein farbenprächtiger Öldruck der deutschen Kaiserin Auguste Viktoria. Auch der Glasschrank mit altem Porzellan steht noch am selben Platz, und der Kronleuchter aus hellblauen böhmischen Glasperlen, das Entzücken meiner Kindheit, hängt an der Zimmerdecke genau wie einst. Aber diese Reste aus vergangenen Zeiten können nicht über den allgemeinen Verfall hinwegtäuschen. Durch die Vorderwand des Hauses geht ein breiter Riß, Folge des Bombardements, zum Dach regnet es herein, und Fensterscheiben gibt es natürlich auch keine mehr.

Doch von draußen dringen, genauso wie einst, die freundlichen Dorfgeräusche zu mir herein, die vorbeiratternden Heuwagen, das Trompeten der Gänse und das monotone Plätschern des Brunnens am Marktplatz. Vom Bett aus sehe ich auf den runden Turm der Burgruine, die der Zerstörung ringsum standgehalten hat. Ich träume mich zurück in die Sommer meiner Kindheit, sehe Haus und Dorf so wie sie damals waren, in den Jahren vor dem ersten Weltkrieg, einer Zeit, als Thierstein nur 800 Einwohner hatte und es weder elektrisches Licht noch Wasserleitung gab. Mir ist, als hörte ich wie damals die kreischenden Stimmen der Frauen, die am Brunnen ihre Wäsche wuschen...

Dann aber wird meiner Flucht in die Vergangenheit ein jähes Ende gesetzt. Ich muß mich polizeilich anmelden und komme damit schnell in die Wirklichkeit des Jahres 1945 zurück. Thierstein hat einen neuen Bürgermeister, den Nachfolger des geflohenen Naziobcrhauptes. Zu ihm führt mich mein erster Ausgang, denn ohne Anmeldung gibt es keine Lebensmittelkarten und ohne Marken kein Brot. Der neue Bürgermeister ist Porzellanarbeiter und Kommunist. Er ist keineswegs der einzige im Dorf. Kommunisten gibt es dort nicht erst seit heute. Schon während Jahrzehnten arbeiteten Söhne und Töchter der armen Bauern in der benachbarten Porzellanindustrie und hatten von dort nach 1918 sozialistische und kommunistische Ideen mitgebracht. Als sichtbares Zeichen ihrer Fortschrittsgläubigkeit erbauten sie in den zwanziger Jahren in Thierstein eine Turnhalle. Als Hitler an die Macht kam, brachte man Thiersteins Kommunisten schnell und gründlich zum Schweigen.

Ich weise das einzige Dokument vor, das ich besitze: den Entlassungsschein aus dem Konzentrationslager. Dieses Papier hat eine erstaunliche Wirkung auf den Bürgermeister. »Sind Sie ein ehemaliger politischer Häftling?« fragt er und bemüht sich, hochdeutsch zu sprechen. Wortreich beteuert er mir dann seine Sympathie und verfügt, daß mir die dreifache Lebensmittelration zugeteilt werde. Damit verstößt er zwar gegen die Bestimmungen der Besatzungsmacht, nach denen mir doppelte Lebensmittelkarten zustanden, aber der kommunistische Bürgermeister hat seine eigenen Begriffe von Wiedergutmachung, und danach handelt er. Was gehen ihn die Amerikaner an!

Was er von denen hält, soll ich sehr bald erfahren. – Bei dieser Großzügigkeit weiß ich nicht recht, wie mir geschieht und suche nach irgendeinem Gespächsstoff. Mein Blick fällt auf eine Vitrine voller bemalter Porzellanfiguren, die sich in der einfachen Stube merkwürdig ausnehmen. Der Schrank ist angefüllt mit galoppierenden Pferden, Tänzerinnen, Märchenprinzessinnen und weiterem Kitsch. Ich deute auf die Werke und frage meinen Wohltäter: »Haben Sie das alles selbst hergestellt?« Damit hatte ich das Stichwort gegeben. Er sei von Beruf Porzellanmaler, erzählt er und schleppt eine ganze Garnitur bemalter Scheußlichkeiten herbei. Immer vertraulicher werdend – er hält mich wohl für eine Gesinnungsgenossin – weiht er mich in die Art seiner jetzigen Tätigkeit ein. Er gehe nicht mehr in die Fabrik – das hätte ja auch noch gefehlt, nachdem die Amis sie beschlagnahmt haben –, aber er verdiene trotzdem nicht schlechter als vorher. »Meine alten Kumpels lassen nämlich immer mal eine Figur verschwinden – warum sollten sie auch nicht, das nehmen uns ja sowieso alles die Amerikaner weg – und bringen sie mir. Ich gebe dann den Figuren erst ihren letzten Schliff, bemale sie so, wie die Amis das lieben. Die sind nämlich ganz scharf auf Porzellan, vor allem, wenn es recht bunt ist. Die reißen sich drum und zahlen, was man haben will!« Er lacht triumphierend, greift in die Schublade und spendiert mir eine Schachtel »Camel«.

Mit einem unangenehmen Gefühl in der Magengegend bahne ich mir einen Weg zwischen den Misthaufen hindurch zurück zum großväterlichen Haus. Dort ist man hingerissen über den durchschlagenden Erfolg. Dreifache Lebensmittelkarten! Kaum auszudenken! Mir ist so, als sei ich plötzlich ein wertvolleres Familienmitglied. Ja sogar die Kinder würdigen mich mit größerer Aufmerksamkeit.

Darauf beschließt der Familienrat, das Eisen zu schmieden, solange es glüht, und mir nun auch noch zu neuen Kleidern zu verhelfen. Ich laufe immer noch in den KZ-Lumpen herum. So brechen mein Schwager Bernhard und ich nach Wunsiedel auf. Dort befindet sich das Landratsamt des Bezirkes. Diese Fahrt war ein kostspieliges Risiko, da einem Arzt damals nur 5 Liter Benzin pro Monat zustanden.

Ich dringe mit einigen Schwierigkeiten bis zum Landrat vor. Der gibt sich ganz jovial und demonstriert, schon in seinem Äußeren, liberale Gesinnung, trägt lange nicht gekämmte Haare und eine locker gebundene Krawatte. Geneigten Hauptes lauscht er meinem Anliegen, das in der Bitte um Kleiderkarten besteht, und fragt dann: »Wieviel Jahre haben Sie eigentlich im Konzentrationslager zugebracht?« Auf meine Antwort hin legt er das Gesicht in strenge Falten und faßt seine abschließende Meinung in folgenden niederschmetternden Satz zusammen: »Sieben Jahre! Da müssen Sie ja allerhand ausgefressen haben!« Das war ernst gemeint und kein Witz. Aus dem Entlassungsschein entnimmt der neugebackene Demokrat, daß ich seit 1940 keinerlei Marken erhalten hätte, und so überreicht er mir eine

Menge bedruckter Zettel, nach denen ich das Recht auf den Bezug eines Kleides, von Schuhen, Wäsche, Strümpfen usw. habe. Damit endet seine Amtshandlung, die ohne jeden praktischen Erfolg bleiben sollte, denn schon gibt es keinen Laden mehr, der Kleidungsstücke gegen Geld und Marken verkauft hätte. Überall beteuert man, nichts zu haben, wartet aber nur auf das Angebot von »Valuta«, von Butter, Speck, Fleisch oder amerikanischen Zigaretten, erst dann erfolgt der bekannte Griff unter den Ladentisch. Da ich aber nichts Derartiges zu bieten habe, ging ich leer aus. Jetzt erst begreife ich, weshalb manche der ehemaligen Häftlinge, die ich auf meinem Weg durch Deutschland traf, zur Selbsthilfe gegriffen hatten und sich aus den Vorräten hoher Nazis eigenmächtig einkleideten. Nach dem Mißerfolg in Wunsiedel trage ich weiter die Kleider der ermordeten KZlerinnen, in die uns die SS gesteckt hatte.

## 4. Kapitel

# »Unsere« Neger

Die fünf Kinder des Hauses, zwei Mädchen und drei Jungen, sind zwischen 10 und 15 Jahre alt. Drei gehören meiner Schwester Trude und zwei der Schwester meines Schwagers. Die Vorstellungswelt dieser Kinder ist durch Nationalsozialismus, Krieg, Bomben und Flucht geprägt worden. Als Thierstein lichterloh brannte, hatten sie sich heldenhaft benommen. Beim Einschlagen der ersten Granaten schafften Schwester und Schwager in aller Eile die Alten, meine 74jährige Mutter, die 72jährige Tante Anna und die Fleißsche Schwiegermutter in den Felsenkeller. Die Kinder aber bekamen jedes einen Platz an einer Dachluke zugewiesen, und zwar an der Seite des Hauses, die von der Feuersbrunst am meisten bedroht war. Jedes erhielt ein nasses Wäschestück in die Hand gedrückt, um damit die Funken zu zerschlagen, die das Fachwerk des alten Hauses unweigerlich in Brand gesteckt hätten. Rechts und links gingen die Höfe in Flammen auf, weil die Bauern aus Angst vor den Granaten sich nicht aus den Kellern wagten. Diese Kinder aber, die den totalen Krieg miterlebt hatten, halfen das Haus zu retten, als sei es die selbstverständlichste Sache der Welt. Hinterher meinten sie prahlerisch: »Na, was war denn das schon gegen so'n richtigen Bombenangriff auf Berlin!« Mut hatten sie, aber mit dem Lesen, Schreiben und Rechnen sieht es nur traurig aus. Ich erkläre mich bereit, sie zu unterrichten, ein Unterfangen, dessen Schwierigkeiten mir erst später bewußt werden. Es ist ja nicht allein der Mangel an Schulkenntnissen. Bei irgendeiner Gelegenheit erklärt mir der 14jährige Ulrich, daß Deutschland den Krieg nie verloren hätte, wenn es nicht verraten worden wäre. Deutschland habe nämlich die beste Flugwaffe, die besten Panzer, die besten Tanks und Artillerie und selbstverständlich auch die besten Soldaten. Bei meiner Entgegnung merke ich erst, wie schwer es ist, gegen ein verhetztes Kind zu argumentieren, weil es ja Glaubenssätze sind, die es da nachredet. Mit Logik kann man dagegen nicht ankommen, und ich hoffe, daß die Kinder beim Heranwachsen aus der Erfahrung schon lernen würden. Aber dann stoße ich bei ihnen auf weit Schlimmeres, auf Rassenhaß. Sie werfen mit Ausdrücken herum wie »dreckiger Jude«, »feige wie ein Jude« oder »geldgierig wie ein Jude«, obgleich sie nie mit Bewußtsein jüdische Menschen gesehen oder erkannt haben. Ein ähnliches Vokabular wenden sie auch auf Neger an. Ich erzähle ihnen vom Schicksal jüdischer Kinder im Konzentrationslager, die genauso alt gewesen seien wie sie. Das scheint sie zu berühren. Aber den größten Eindruck macht auf sie, als ich ihnen sage, daß meine eigenen Kinder, also ihre Cousinen, jüdisch seien. Doch ihr Haß auf die Neger fand auf ganz andere Art ein

Ende. Eines Tages steht der Marktplatz voll mit amerikanischen Lastautos, und alle Chauffeure sind Neger. Neugierig nähert sich die Dorfjugend und zieht immer engere Kreise um die Attraktion. Ehe man sich's versieht, fraternisieren die Neger mit den Kindern, und Schokolade wird verteilt. Am Hoftor stehen unsere fünf, und ihre Gesichter sind nichts als Verlangen. Ich blicke von weitem dieser Szene zu und bin gespannt, wie der Widerstreit zwischen eingelerntem Haß und kindlicher Sehnsucht nach Schokolade enden würde. Sie gehen nicht an die Lastautos heran, sondern ziehen sich ohne Schokolade in den Garten zurück. Allerdings kommt es kurz darauf zu einigen Meinungsverschiedenheiten, wobei sich die Mädchen und der kleinste Junge zu einem Kompromiß bereitfinden: Es gibt auch anständige Neger. Nicht lange danach wird aber ihre immer noch zwiespältige Meinung über Neger ganz und gar über den Haufen geworfen.
An unserem Haus hängt eine große weiße Fahne mit dem roten Kreuz als Zeichen, daß in ihm ein Arzt praktiziert. Es gibt in Thierstein mehr als genug Patienten, vor allem unter den Flüchtlingen aus Böhmen, die mein Schwager kostenlos behandelt. Aber eines Nachmittags gehen zwei Negersoldaten auf unser Haus zu, überqueren zögernd den Hof und treten verlegen in den Flur. Als ich die Treppe hinunterlaufe, kommt mir eines der Kinder entgegengestürzt: »Neger! Neger!« Die beiden wünschen, den »medical doctor« zu sprechen. Dann verschwinden sie im Ordinationszimmer. Die Nachricht von diesem rät-

selhaften Besuch verbreitet sich wie ein Lauffeuer im Haus. Was mochten die wohl bei uns wollen? Die Kinder beziehen oben auf der Treppe Stellung, um den Abzug der Neger mitzuerleben. Es dauert erstaunlich lange, und die Spannung wächst. Endlich kommen sie heraus, geleitet von meinem Schwager, der sie englisch radebrechend zur Haustür führt. Bei der anschließenden Berichterstattung ist der größte Teil der Öffentlichkeit ausgeschlossen, nämlich die Kinder, die vor Neugier zerplatzen.
Ein schlimmes Mißgeschick führte die beiden Neger zu einem deutschen Arzt. Sie hatten sich mit Tripper angesteckt und baten, geheilt zu werden. Als Geschlechtskranke hätten sie bei der amerikanischen Armee mindestens Urlaubsentzug bekommen. Mein Schwager besaß die notwendigen Medikamente, und so werden die beiden seine Patienten, wohl die dankbarsten, die er je gehabt hat. Schon bei der ersten Visite erkundigen sie sich, ob Kinder im Hause seien. Mit Taschen voller Süßigkeiten erscheinen sie das nächste Mal. Die Kinder werden gerufen, und die Bescherung beginnt. Von da ab hießen sie nur noch »unsere Neger«, und für die Kinder war mit einem Schlage schwarze Hautfarbe gleichbedeutend mit Menschengüte. Helga, die Dreizehnjährige, die nicht die geringste Begabung für Sprachen besitzt und überhaupt das Lernen als eine schwere Strafe empfindet, erklärt sich freiwillig bereit, bis zum nächsten Besuch der Neger soviel Englisch zu lernen, daß sie sich bedanken könne. Es war eine harte Arbeit, doch von Erfolg gekrönt.

Aber die Gaben der beiden Patienten sollten weit über Schokolade hinausgehen. Mit »unseren Negern« beginnt eine neue Ära für das ehrwürdige Haus der väterlichen Vorfahren. Ohne Protest lassen sich alle in höchst dunkle Geschäfte ein. Es ist ja auch schwer zu widerstehen, wenn die begehrten Waren mit so viel Liebenswürdigkeit angeboten, ja beinahe aufgenötigt werden. Die dankbaren Patienten offerieren ihrem Retter Schätze über Schätze: Gasolin, Fett, Zucker, Mehl, Kaffee und Zigaretten. Alles das sind sie bereit zu besorgen. Und der »Retter« lehnt keineswegs entrüstet ab, obgleich er sehr wohl weiß, daß diese Herrlichkeiten bei der amerikanischen Armee gestohlen wurden. Ebenso wie er, verliert die ganze Familie im Handumdrehen die Moral. Noch bevor man weiß, wie diese Gaben ins Haus gebracht werden sollen – denn es ist sowohl für die Soldaten als auch für die Beschenkten ein gefährliches Unterfangen –, bricht bereits ein Streit aus, was wichtiger ist, Gasolin oder Lebensmittel. Die Gasolin-Partei siegt, und Schwager Bernhard teilt den nun beinahe Genesenen unsere Entscheidung mit. Sein Erstaunen grenzt an Bewunderung, als ihm die beiden Krieger einen bereits fix und fertigen Plan unterbreiten, auf welche Weise das Gasolin unbemerkt in unseren Besitz kommen soll. Sie hatten den Bauernhof von allen Seiten besichtigt und festgestellt, daß er nach hinten heraus zur Dorfstraße hin einen großen Garten besaß, und das war entscheidend. Dort würden sie in schnellem Tempo mit ihrem Lastauto vorbeifahren und so, als entledigten sie sich leerer Gasolinkanister, die sie gewöhnlich in den Straßengraben warfen, einige davon über den Gartenzaun schleudern. Wir sollten warten, bis es dunkel sei und erst dann im Grasgarten auf die Suche gehen. Uns alle erfaßte eine Art Fieber, ein Gemisch aus Freude, Angst und Sensationslust. Am gleichen Abend liegt das schier Unfaßbare im Garten hinterm Haus. Nicht etwa *ein* Kanister, wie wir angenommen hatten. Wir finden sechs Behälter voller Gasolin. Also 120 Liter Benzin, die Arzt-Zuteilung für zwei Jahre. Das war flüssiges Gold und wurde der Grundstock zu weitverzweigten Schwarzmarktgeschäften.

## 5. Kapitel

# Das Los der Alten

Es gibt nur einen Menschen in diesem überfüllten Haus, der von alledem nichts weiß. Tante Anna, die 72jährige Schwester meines Vaters, die bis vor kurzem die einzige Bewohnerin des Hofes gewesen ist. In Thierstein wurde sie geboren, und dort blieb sie ihr Leben lang. Alles, was jetzt geschieht, kann sie nicht mehr fassen. Mit dem Strom der Flüchtlinge, allerdings erst, als man sie dazu gezwungen hatte, Vertriebene in ihr Haus aufzunehmen, war für sie das Chaos hereingebrochen. Und nach der Zerstörung des Dorfes sagt sie der ganzen Welt die Fehde an. Alle empfindet sie als Eindringlinge, als Feinde, ganz gleich ob weiß oder schwarz. Selbst diese »Frecker«, wie sie sie nennt, ihre Großnichten und -neffen, finden keine Gnade vor ihren Augen. Tagsüber sitzt sie grollend in der Küche des Erdgeschosses, und ihre Lippen bewegen sich in erregtem Selbstgespräch. Nachts aber schleicht sie auf Strümpfen über die knarrenden Stiegen, was ihr bei uns den Spitznamen die »Ahnfrau« einträgt. Es dauert eine ganze Weile, bis wir feststellen, was ihr den nächtlichen Schlaf verscheucht. Eines Tages machen die Kinder, bei ihren Spielen in der Scheune, eine interessante Entdekkung. Tief unter Heu und Stroh vergraben finden sie Truhen, Kisten und Koffer, angefüllt mit Wäsche, Kleidern und Tüchern, sowie allen möglichen Hausrat. Es ist nicht schwer, hinter das Geheimnis dieser vergrabenen Schätze zu kommen. Tante Anna hatte, bevor sie sich schließlich unter Druck bereiterklären mußte, Flüchtlinge aufzunehmen, die Zimmer ausgeräumt. Die Vertriebenen kamen in nur noch schwach möblierte Stuben. Später finden wir unter dem Dach noch zehn Federbetten, die sie dorthin in Sicherheit gebracht hatte. Flüchtlinge haben ein wahrhaft schweres Los. Dieses Zusammenraffen und Verstecken entspringt natürlich auch der Angst des alten Menschen, verhungern zu müssen. Dazu trug die böse Erfahrung aus der Zeit nach dem Ersten Weltkrieg das ihre bei. Damals hatte sie, wie Abertausende anderer in Deutschland, durch die Inflation alle ihre Ersparnisse eingebüßt. Es versetzte sie in panische Angst, das sich das nach diesem Krieg wiederholen könnte. Aber diesmal wartete Tante Anna nicht tatenlos ab, bis alles verloren war, sondern hatte sich ein seltsames System erdacht, um bei der kommenden Geldabwertung so viel wie möglich zu retten. Sie legt sich fünf Sparkassenbücher auf verschiedene Namen an, will also nach dem Valutazusammenbruch fünfmal entschädigt werden. Aber diese gewagten Transaktionen rauben ihr die Ruhe und lassen sie nachts schlaflos durch das Haus irren. Noch ein Mitglied dieser unter äußerem Zwang zusammengeführten Familie kann mit dem Schicksal schwer fertig werden. Das ist Frau Major, die

Schwiegermutter meiner Schwester Trude. Mit sorgfältig gedrehten Stirnlöckchen, in einem Seidenkleid, das ihr um den Körper herumbaumelt – denn Kartoffeln und Sauce haben sie die Rundungen gekostet –, sitzt die Sechzigerin am Fenster ihres Zimmers, die Hände untätig im Schoß, und sieht traurig auf die Berge und Täler, ein Ausblick, der so gar nicht ihrem Geschmack entspricht. Ihren Enkelkindern erzählt sie von den Festen vergangener Zeiten und schildert genau die Machart des jeweiligen Ballkleides. Diese rosigen Erinnerungen lassen sie immer unglücklicher werden. Sie weiß nichts mit sich anzufangen, kommt aber auch nicht auf den Gedanken, irgendeine Tätigkeit in diesem großen Haushalt zu übernehmen. Sie grollt ihrem schweren Schicksal, das sie in dieses jämmerliche Dorf verschlagen hat.

Ganz anders die Älteste unter uns, meine Mutter. Die zarte, gebückte Greisin ist voller Tätigkeitsdrang. Sie beherrscht die Küche und bereitet die einfachen Mahlzeiten für die Großfamilie. Dabei gerät sie nicht selten in Konflikt mit meiner sparsamen Schwester Trude, weil sie zu tief in den geheiligten Fettopf greift. Aber nach ihrer Hausarbeit zieht es sie noch täglich hinaus ins Freie. Sie liebt es, allein durch die Wiesen zu gehen und strebt über holprigen unwegsamen Pfaden immer entlegeneren Schönheiten zu. Mit erstaunlicher Energie kämpft sie gegen die Gebrechen des Alters. Einmal, als es schon September geworden war, wünscht sie sich, mit mir gemeinsam den Hengstberg zu besteigen. Sie will seine schönen Buchenwälder in der Pracht des Herbstes sehen. Ich habe Angst um sie, denn das ist ein Weg von über vier Stunden, man muß mehrere Täler und Berge überwinden. Aber sie verwirft alle meine Einwände, und wir machen uns an einem sonnigen Morgen mit Proviant versehen auf den weiten Weg. Unermüdlich ist ihre Freude an den Schönheiten der Landschaft, sie kann sich an der Form eines Baumes genauso begeistern wie an der Farbe einer späten Herbstblume. Unser Weg führt vorbei an einem Forsthaus, dann kommt eine alte Wassermühle, sodann das Tal der Eger mit den schroffen Felsen und schließlich die hohe Brücke über den rauschenden Fluß. Mit jedem dieser Plätze erinnern wir uns an vergangene Jahrzehnte, an die Sommer vor und während des Ersten Weltkrieges. Wir erreichen das Dörfchen Silberbach und kommen vorbei an der Stelle, wo wir einmal, damals war ich vielleicht 8 Jahre alt, einer kleinen umgestürzten Tanne das Leben gerettet hatten. Dort wächst jetzt ein dunkler Hochwald, durch den keine grünen Pfade mehr führen. Aber an seinem Rande sind immer noch die Wiesen mit dem Bach, an dem wir als Kinder gespielt haben. In Silberbach rasten wir und stellen gerührt fest, daß es beinahe unverändert geblieben ist. Noch die gleichen Holzbänke und Tische vor dem kleinen Gasthof, wo wir als Kinder das Ereignis des Tages erwartet hatten, die Ankunft der Postkutsche.

Dann geht es steil den Hengstberg hinauf, immer unter dem Dach der Buchen, deren bunte Blätter ein goldenes Licht geben. Ich nehme den Arm meiner Mutter, weil ich ihre Mühe merke. Aber sie will nichts wissen von Umkehr. Erst oben, wo das Geröll beginne, wäre der Berg am schönsten. Und wir erreichen glücklich die Spitze. Dann muß ich die Felsen erklettern und die Aussicht kommentieren, ihr im einzelnen berichten, was zu sehen sei. Am Horizont die Stadt Liebenstein in Böhmen. Richtig, wir befinden uns ja nur einige hundert Meter von der Grenze entfernt. Man blickt von dieser Höhe auf ein anderes Land. Ich denke an Prag, an meine Freundin Milena, die ihre Heimat nicht wiedersehen durfte, und habe keinen Blick mehr für die Schönheiten der Welt. Auf dem beschwerlichen Heimweg bewundere ich die geistige Kraft der 74jährigen, die mich tröstet.

Manchmal helfe ich meinem Schwager in der Praxis und begleite ihn auf seinen Gängen zu den Kranken. Eines Morgens verlangt man dringend nach ihm. Ein alter Mann, ein Flüchtling aus Böhmen, hat sich das Leben nehmen wollen. Der Arzt muß ihn retten, und erschütternd sind die Worte, als der Alte wieder zu Bewußtsein kommt: »Warum haben Sie mir das angetan?« – Ich lerne die Familie kennen und erfahre, daß sie über die böhmische Grenze hin- und hergehen, um noch Sachen aus ihrem Haus zu holen. Sie nehmen einen Brief an meinen ehemaligen Mithäftling Inka mit, der an die Adresse ihrer Schwester in Königgrätz gerichtet ist, so wie wir in Ravensbrück verabredet hatten. Sehr bald übermittelt mir ein Bote die Antwort. Durch dieses erste Lebenszeichen einer ehemaligen Ravensbrückerin weiß ich, daß auch die anderen die Heimat erreicht haben. Unter welchen Umständen jedoch, erfahre ich erst viel später.

## 6. Kapitel

# Der neuer Aufbruch

Der Brief von Inka reißt mich aus der Lethargie. Während mich in den ersten Wochen nach der Ankunft in Thierstein, als ich krank im Bett lag, das Verlangen plagte, dieser geruhsamen Gegenwart zu entfliehen und es mich wieder auf die Landstraße zog, um die zu suchen, zu denen ich gehörte, hatte ich diesen Plan im Laufe der Monate aufgegeben. Ich interessierte mich nur noch für das Nächstliegende. Nur selten rührte ich an die Vergangenheit, dachte kaum an später, lebte in den Tag hinein. Von den Zeitungen, die nur wöchentlich erschienen, nahm ich ebenso wenig Notiz wie von den Nachrichten über den Rundfunk. Dem Hunger nach Neuigkeiten und der ständigen politischen Anteilnahme, die mich in Ravensbrück beherrscht hatten, war eine völlige Apathie gefolgt gegenüber allem, was von außen kam. Wahrscheinlich war auch das eine Art Krankheit. Erst mit der Nachricht von Inka kommt wieder Leben in mich. Dieser Brief enthält – und das ist schwer zu fassen – irgendwelche dummen linken Töne. Das bringt mich in Rage, und ich fühle mich plötzlich verantwortlich für das, was in Deutschland geschieht.

Wenn nicht einmal die Überlebenden aus den KZs bereit sind, mitzuarbeiten? Wer denn sonst? Soll man das etwa solchen Typen überlassen wie dem Landrat von Wunsiedel oder den Kommunisten, die jetzt bestimmt ihre Zeit für gekommen halten? Ich höre, daß viele Schulen geschlossen bleiben müssen, weil es kaum Lehrer gibt, die nicht in der NSDAP gewesen seien. So fasse ich den Entschluß, mich als Lehrerin zu melden. Das Hortnerinnenexamen, das ich einmal gemacht hatte, gibt mir das Recht, Kinder bis zum neunten Lebensjahr zu unterrichten. Als neue Heimat wähle ich Frankfurt am Main, das ich aus der Zeit vor 1933 als besonders liebenswerte Stadt in Erinnerung habe, und richte ein Bewerbungsschreiben an die US-Besatzungsmacht in Wiesbaden. Die Antwort kommt in Gestalt eines endlosen Fragebogens »in Druckbuchstaben auszufüllen«. Das will gelernt sein. Und dann erst die Fragen! Es leuchtet mir ein, wenn sich die Besatzungsmacht für die politische Vergangenheit der Antragsteller interessiert und für ihre Ausbildung, aber schon die Frage: »Gehören Sie einer Religionsgemeinschaft an? Wenn nicht, warum?« reizt mich zum Widerstand, und ich antworte entsprechend. Schließlich aber schlucke ich den Ärger herunter und sende das Verlangte nach Wiesbaden. Zwei Monate vergehen ohne eine Antwort. Nachdem meine Initiative neu erwacht ist, hält es mich nicht länger in Thierstein. Das Leben hat wieder eine Zukunft. Auch diesem Aufbruch lag eine ganze Portion Abenteuerlust zugrunde. Am liebsten wäre ich ohne Koffer gereist, so wie vor einem hal-

ben Jahr über die Landstraße. Es ist November 1945, als ich mich auf den Weg nach Frankfurt mache, einer Stadt zustrebe, die ich seit 30 Jahren nicht mehr gesehen habe und in der mich niemand kennt. Aber was sind das schon für Probleme! Ich habe ja einen festen Plan: ich will Kinder unterrichten.
Zwischen Hof und Frankfurt, so erfahre ich, gibt es bereits eine Zugverbindung. Das stimmt zwar, nur frage man nicht, was für eine. Das wird mir erst klar, als ich inmitten Hunderter Flüchtlinge und Hamsterer den ersten besten in Richtung Frankfurt einlaufenden Zug im Sturm nehme. Es findet sich schließlich ein Platz in einem offenen Kohlenwaggon. Meine Mitreisenden, die sich während des Kampfes um die Plätze geradezu tierisch benommen hatten, alle Schwächeren rücksichtslos beiseite stoßend, sind dann, als sie etwas verschnauft und sich auf dem Boden des schmutzigen Waggons eingerichtet haben, sofort zum Gespräch aufgelegt. Viele von ihnen kommen aus der sowjetischen Besatzungszone, und wenn man in ihre Gesichter sieht, glaubt man ihnen das, was sie über die Schreckenstaten der Roten Armee erzählen. – Es beginnt zu regnen. Eine Frau nimmt mich freundlich mit unter ihre Zeltplane aus grüngetigertem Tarnstoff, der mir so vertraut ist von der Arbeit in der SS-Schneiderei in Ravensbrück, von den Tarnjacken, die wir damals für die Hitler-Armee nähen mußten.
In Würzburg ereignet sich ein höchst aufschlußreicher Zwischenfall. Auf dem gleichen Bahnsteig hält ein alliierter D-Zug auf dem Wege nach Wien. Von

welcher Seite die ersten provozierenden Worte gefallen waren, weiß ich nicht. Ein Mann aus dem Güterzug stürzt plötzlich an ein gegenüberliegendes Waggonfenster, und ich höre ihn brüllen: (Muß ins Oberfränkische übersetzt werden) »Habt ihr Hiasln den Adolf etwa nicht haben wollen?! Solche Massen, die zu seiner Begrüßung gekommen sind wie bei euch in Wien, hat's in ganz Deutschland nie auf einem Platz zusammen gegeben! Ihr habt's euch ja vor Begeisterung überschlag'n, daß ihr zu Großdeutschland gehören durftet! Und jetzt – daß ich nicht lache – sollen wir euch überfallen haben! Seid ihr okkupiert worden! Schöne Opfer des Nationalsozialismus! – Ja, ja, es fährt sich weicher, wenn man zu den Siegern gehört!
Ersticken sollt's ihr, Ostmärker, an allen ›Heil Hitlers‹, die ihr gebrüllt habt!!« Dieser Ausbruch kommt völlig unerwartet, denn bei allen Gesprächen meiner Mitreisenden gibt es niemals eine politische Stellungnahme; Politik scheint tabu zu sein. Auch verlor man damals kein kritisches Wort gegen die westlichen Besatzungsmächte. Eine solche Äußerung hatte ich bis dahin nur vom Thiersteiner Bürgermeister gehört. Mein Eindruck in der damaligen Zeit ist, daß die Deutschen mit den Engländern und Amerikanern ganz zufrieden waren; denn die Nachrichten aus dem Osten, das Wüten der Soldaten der Roten Armee und die Maßnahmen der kommunistischen Partei, das macht ihnen drastisch genug den Unterschied klar, so daß sie heilfroh sind, mit den Engländern und Amerikanern so gut abgeschnitten

zu haben. In der französischen Besatzungszone, das erfahre ich aber erst später, sind die Verhältnisse anders. Dort trieb man die Menschen, vor allem durch Hunger, in wilde Opposition. Dabei spielten die französischen Kommunisten keine unwesentliche Rolle. Während des ersten Besatzungsjahres hat wohl auch tiefsitzendes Schuldgefühl und bei nicht wenigen Angst vor der Abrechnung die Deutschen im Westen zurückhaltend und vorsichtig gemacht. Erst nach dem Fehlgriff der Entnazifizierung und nachdem viele der wirklichen Schuldigen sahen, daß sie sich heil aus der Affäre ziehen konnten, begann man in Westdeutschland mit Selbstmitleid und Wehgeschrei und mancherorts auch mit Hohn und Überheblichkeit gegenüber den westlichen Besatzungsarmeen.

## 7. Kapitel

# Die Betreuten

Nach endloser Reise und mehrfachem Umsteigen komme ich auf dem zerbombten Bahnhof in Frankfurt an. Eigentlich wollte ich gleich nach Wiesbaden weiterfahren, als mein Blick auf ein weithin sichtbares Spruchband fällt, das in der Haupthalle des Bahnhofs angebracht ist: »Alle ehemaligen Häftlinge melden sich bei der Betreuungsstelle in der Wiesenhüttenstraße 11.« Ich schleppe meinen Koffer durch den Regen, sehe nicht rechts noch links, eile, als ginge ich einem neuen Zuhause entgegen. Eine breite Treppe mit vielen Anschlägen an den Wänden, und oben im ersten Stock sitzen im Vorplatz auf Bänken die Wartenden. Am liebsten hätte ich allen die Hände geschüttelt im Überschwang des Glücks, nun wieder unter meinen Leuten zu sein. Ich finde sie alle sympathisch, weil ich es eben will, und lasse sogar Milde walten über einen, der mit Häftlingsnummer und rotem Winkel an seinem Anzug herumposiert.
Der Leiter der Betreuungsstelle, Herr Eppstein, zu dem man mich führt, ist freundlich und wirkt ganz unbürokratisch. Er heißt mich willkommen, macht mir dann aber unmißverständlich klar, daß mein Entlassungsschein aus dem KZ keineswegs genüge als

Beweis für einen Aufenthalt im Lager. So ein Papier könne sich ja schließlich jeder beschaffen. Um als ehemaliger KZler anerkannt zu werden, müsse man mindestens zwei Zeugen erbringen, mit denen man gemeinsam in Haft gewesen war. – Hundert könnte ich bei Namen aufzählen, aber wo mochten die jetzt sein? Außerdem waren die alle nicht aus Frankfurt. Da fällt mir Maria Fischer ein! Die hatte früher hier gewohnt. »Ja, das kann schon stimmen«, sagt Herr Eppstein, »aber in der Kartei gibt es keine mit diesem Namen.« Dann fügt er einlenkend hinzu: »Zeugen aus Ravensbrück werden bestimmt in Kürze hier eintreffen« und fragt mich dann besorgt: »Wo sind Sie denn untergekommen?« Ich antworte, als sei es das Selbstverständlichste von der Welt: »Im Bahnhofsbunker natürlich.« Nach einem beinahe erschreckten: »Wo, bitte?«, wird mir erst klar, daß andere ehemalige KZler sich schon sehr verbürgerlicht hatten. »Das geht auf keinen Fall!« protestiert Herr Eppstein mit Nachdruck. »Sie haben ja keine Ahnung, was sich im Bahnhofsbunker tut! Da weiß ich eine bessere Unterkunft für Sie. In Zeilsheim, einem Vorort von Frankfurt, haben die Amerikaner eine ganze Siedlung beschlagnahmt, um Menschen wie Sie und auch displaced persons unterzubringen. Wenn Sie einverstanden sind, schreibe ich Ihnen gleich eine Einweisung.« Ich nicke nur. Er reicht mir den Zettel. Ich stehe auf, nehme Abschied und bedanke mich.

Als ich der Tür zustrebe, wird sie von außen geöffnet, und eine Ravensbrückerin tritt ein. Mit einem großen Hallo stürzt sie auf mich zu. Richtig! Auch ich erinnere mich an sie. Sie gehörte zwar zu jener »Häftlingsprominenz«, der man nachsagte, sie habe sich mit der SS identifiziert. Ich wußte, daß es nicht leicht war, gerade in solcher Arbeit, die man ihr zugeteilt hatte, den richtigen Abstand von der SS zu halten, nämlich ihr immer zu zeigen, daß man das Anliegen der Mithäftlinge vertrete und auch zu beweisen, wohin man gehöre. Sie arbeitete als Sekretärin des Schutzhaftlagerführers von Ravensbrück und hat durch Eifer in dieser Tätigkeit ihn schließlich dazu gebracht, sie, eine sogenannte »Rassenschande«, in einen politischen Häftling zu verwandeln. Ehrlich gestanden hatte ich diese Verwandlung in Ravensbrück gar nicht bemerkt, und ich bin deshalb sehr erstaunt, als sie schon bei den ersten Gesprächen betont, ein politischer Häftling gewesen zu sein. Daß sie aber auch noch politische Ambitionen hat, das merke ich erst später. Der überschwenglichen Begrüßung folgt die Frage, wo ich denn wohne, und als sie Zeilsheim hört, zögert sie keinen Augenblick, mich zu sich einzuladen. Sie habe eine Wohnung im Hause ihrer Eltern, wo sie bereits mit einer Kameradin aus Ravensbrück zusammenlebe und auch noch Platz für eine dritte sei. Das alles wird mit viel Charme und Temperament vorgebracht, so daß mich dieser Überschwang an Freundschaftsbezeugung beschämt und ich mir Mühe gebe, meinen ungünstigen Eindruck aus Ravensbrück zu korrigieren. Das geht auch zuerst ganz leicht, weil ich ja – eben erst in Frankfurt angekommen – allen bis zur Kritiklosigkeit gut gesinnt bin, weil ich will, daß die ehemaligen KZler bessere Menschen sind. Aber diese Wunschvorstellung sollte mir bald ausgetrieben werden. Auf dem Wege zu ihrer Wohnung gibt mir Käthe M. eine Schauerdarstellung von den Zuständen in Zeilsheim, dem angeblich größten Schwarzmarkt in der amerikanischen Besatzungszone.

Nun bin ich Gast der beiden Ravensbrückerinnen. Die andere, die ich im Lager nie gesehen hatte, ist ein derber, einfacher Mensch, den die Gestapo wegen irgendeiner kritischen Äußerung ins KZ gesteckt hatte. Ich sitze in einer kostspielig, aber geschmacklos eingerichteten Zweizimmerwohnung, und man bewirtet mich mit Herrlichkeiten, die ich seit mehr als einem Jahrzehnt nicht mehr gesehen hatte. Ich weiß nicht, wie mir geschieht. Trotz großer Dankbarkeit spüre ich jedoch sehr bald, daß mich mit diesen beiden Frauen überhaupt nichts verbindet. Auf die gleichen Erlebnisse in Ravensbrück reagieren wir grundverschieden. Mir war, als hätte es noch eine andere Lagerwelt gegeben, deren Inhalt nur das »Organisieren« und Besserleben, das Überleben gewesen war. Ich bin ihnen völlig fremd. Als ich dann spät abends in meinem Bett auf dem Sofa liege, zerbreche ich mir den Kopf, was mich eigentlich von diesen beiden Frauen trennt, weshalb sie mir so unleidlich sind. Sie hatten einen Jargon, wie ich ihn von den Asozialen in Ravensbrück her kannte. Aber ist das ein Grund, sie abzulehnen? Erst, nachdem ich einige Zeit im Hause »An der Festen Burg« gewesen war, fand ich eine Antwort auf alle diese quälenden Fragen. Das jahrelange Tragen der gleichen gestreiften Kleider, das Ausstehen der gleichen Ängste genügt nicht, um eine menschliche Gemeinsamkeit zu schaffen. Solange uns dieselbe Mauer mit dem starkstromgeladenen Stacheldraht umgeben hatte, hielt uns die Solidarität der Angst zusammen. Das ist nun vorbei, und ich sollte sehr bald auch durch andere Erfahrungen feststellen, daß der Kreis jener, die das Erlebnis des KZ für immer verband, nur sehr klein ist. Es kommt eben auf den Menschen an, den man ins Häftlingskleid gesteckt hat. Nur wenn er eine Persönlichkeit war, brachte er im Lager die Kraft zur wirklichen Freundschaft auf, und die endete nicht mit der Befreiung.

Meine beiden Gastgeberinnen ziehen aus dem Erlebnis im KZ nur die Konsequenz: Wir haben gelitten und uns dadurch das Recht erworben, nun besser zu leben...

Die eine von den beiden, die auch politische Ambitionen besitzt, ist die Tochter eines alten Sozialdemokraten und als solche vor vielen Jahren einmal Mitglied der Sozialistischen Jugend gewesen. Dort knüpft sie nun wieder an und verspricht sich offensichtlich von der Zugehörigkeit zur SPD, noch dazu als »Opfer des Faschismus«, einen guten Start in die Zukunft. Obgleich die SPD noch gar nicht wieder gegründet worden ist, macht sich Käthe bereits an die Mitgliederwerbung, und dazu hat sie mich ausersehen. Ihre Bemühungen entbehren nicht der Komik. Sie lädt »alte Genossen« ein, bewirtet sie großzügig und serviert mich, den neuen Gast, als eine ganz besondere Attraktion. Sie benutzt mein Schicksal, um ihre politische Ernsthaftigkeit unter Beweis zu stellen. Sie rankt sich an mir empor als einer zukünftigen SPD-Genossin, die noch dazu sie für die Partei geworben hat. Aber sie war nicht nur naiv berechnend. Sie will mir auch wirklich helfen. Ohne ihr Geschick und ihre familiär bedingten guten Beziehungen zu den SPD-Genossen, die bereits in den städtischen Ämtern sitzen, hätte ich wahrscheinlich sehr viel länger auf eine eigene Unterkunft warten müssen. Sie geleitet mich von Bürozimmer zu Bürozimmer, stellt mich überall ihren Genossen vor, und so stehe ich bald auf der Liste ehemaliger KZler, denen beschlagnahmte Naziwohnungen zugewiesen werden sollen. Man übergibt mir eine Aufstellung solcher Wohnungen, die ich aufsuchen und, falls sie sich als geeignet herausstellen, in Besitz nehmen soll. Auf meine Frage, was aber geschähe, wenn die nazistischen Wohnungsinhaber sich weigerten herauszugehen, hätte ich, so machte man mir klar, die Polizei zu alarmieren. Ein höchst merkwürdiges Verfahren, zu dem ich mich nicht eigne.

Die nächste Zeit ist mit der Suche nach einer Unterkunft völlig ausgefüllt, denn die Listen erwiesen sich in den meisten Fällen als sehr fehlerhaft oder bereits veraltet.

Mehr und mehr verliere ich meinen anfänglichen Schwung. Ich laufe durch die trüben winterlichen Straßen der zerstörten, ganz heruntergekommenen Stadt, läute an Wohnungen und muß immer wieder hämisch feindselig hören, daß entweder die Beschlagnahme zurückgenommen worden oder aber die Wohnung bereits besetzt sei. Im Wohnungsamt vertröstet man mich auf später, und ich habe täglich mehr den Eindruck, meinen Gastgeberinnen zur Last zu fallen, sie irgendwie in ihrem Privatleben zu stören. Dazu kommt noch, daß ich im Dezember aus Wiesbaden den Bescheid erhalte, nicht zur Lehrerin zu taugen, da ich bereits zu alt sei.

Für die ehemaligen KZler versieht die Betreuungsstelle zugleich die Funktion der Arbeitsvermittlung. In der Wiesenhüttenstraße residiert aber nicht mehr der freundliche Herr Eppstein. Ihm ist eine neue, ganz andere Leitung gefolgt. Als ich wieder einmal vorspreche und einen neuen Fragebogen ausfüllen muß, um in die Kartei aufgenommen zu werden, mache ich seltsame Erfahrungen. Für den neuen Leiter und seine Mitarbeiterin darf ich nicht, wie es im alten Fragebogen steht, in Moskau verhaftet worden sein. Eine solche »Lüge« habe in ihrer Kartei nicht zu erscheinen. Sie machen mir unmißverständlich klar, ich hätte über diesen Abschnitt meiner Vergangenheit zu schweigen. Aber ich tue ihnen nicht den Gefallen, sondern verändere eigenhändig die Karteikarte. Damit habe ich den beiden Kommunisten den Krieg erklärt. Sie können mich zwar weder verhaften noch liquidieren, denn wir befinden uns ja im Westen, aber sie besitzen genug Mittel, mich dafür büßen zu lassen. Vor allem gibt es für einen »Feind der Sowjetunion« keine Arbeit. Auch von den sonstigen Vergünstigungen und Zuteilungen für ehemalige KZler schließen sie mich aus, soweit es in ihrer Macht

steht. Sie »vergessen« ganz einfach, mich zu benachrichtigen. So nach und nach entwickelt sich die Frankfurter Betreuungsstelle zu einer kommunistischen Anlaufstelle. In ihren Hinterzimmern macht man Parteipolitik, und nach vorn heraus verhilft man den KP-Genossen zu guten und politisch wichtigen Stellen, zu Renten, zu Kleidern und Lebensmitteln. Die Kommunisten unter den ehemaligen Häftlingen wiederholen das Gleiche, was sie schon im Lager prakiziert hatten. Sie helfen zuerst einmal den »Genossen«, denn diese sind in ihren Augen die »wertvollen Menschen«, und die gilt es vor allem auf die Beine zu stellen im Interesse der kommunistischen Parteiarbeit.
Zwei Ereignisse veranlassen mich schließlich, nach der ersten Wohnung zu greifen, die sich mir anbot, mochte sie auch noch so ungünstig sein. In einem Gespräch fragt mich meine Gastgeberin unumwunden, ob sie mich nicht in die SPD aufnehmen könne. Ich antworte ihr darauf, daß ich die Politik der Sozialdemokratischen Partei nach 1945 noch gar nicht kenne und die Mitgliedschaft in einer Partei doch schließlich voraussetze, daß man mit ihren Zielen einverstanden sei. Das leuchtet ihr keineswegs ein, und sie erwidert höchst unlogisch und aggressiv, daß ich wohl immer noch Kommunistin sei und deshalb ablehne. Ich breche das sinnlose Gespräch ab.
Zu meiner Freude erhielt ich gerade in diesen Tagen einen Brief aus Heidelberg von meiner Schwester und meinem Schwager. Er hatte dort eine ärztliche Praxis eröffnet, und die ganze Familie erwartete mei-

nen Besuch. Damals brauchte man per Eisenbahn von Frankfurt nach Heidelberg viele Stunden, denn über den Neckar konnte man nur mit einer Fähre gelangen, die gesprengte Brücke war noch nicht wieder aufgebaut. Bevor ich abreise, sage ich meinen Ravensbrückerinnen, ich sei am nächsten Tag wieder in Frankfurt. Heidelberg war eine Erholung, und zum Abschied beschenkte mich meine Schwester mit einem riesigen Bauernbrot und mehreren Kilo Äpfeln – Schätzen, die sie irgendwo gehamstert hat. Ich bin überglücklich, denn endlich kann ich auch einmal etwas beitragen zum Haushalt meiner Gastgeberinnen. Der Zug kommt mit endloser Verspätung nachts gegen 12 Uhr in Frankfurt an, es gießt, was vom Himmel herunterkann, es gibt keinerlei Fahrmöglichkeiten, und ich schleppe den bleischweren Koffer durch die dunkle Stadt, bis ich endlich nach einer Stunde die Wohnung meiner Wohltäterinnen erreiche. Zu meiner Erleichterung sehe ich Licht in den Fenstern und höre Grammophonmusik. Aber auf das Klingeln öffnet niemand. Da greife ich zu dem einzigen Mittel, das mir übrig bleibt, um nicht auf der Straße bleiben zu müssen, ich werfe Steinchen gegen das Fenster. Das hat schließlich Erfolg. Man öffnet die Haustür und empfängt mich mit den Worten: »Das hat uns gerade noch gefehlt!« Ich platze in eine feuchtfröhliche Gesellschaft hinein, der ich mehr als unerwünscht bin. Bisher hatte man mich von den mehr oder weniger kriminellen Schwarzmarktkumpanen sorgfältig ferngehalten.

Der nächste Tag sieht mich beim Wohnungsamt, nun

aber zu allem entschlossen. In dem kleinen Ort Schwanheim, ungefähr 15 km von Frankfurt entfernt, mit einer Straßenbahnverbindung, die häufig ausfiel, gibt es eine Naziwohnung, die niemand haben will. Beim kühlen Abschied von den beiden Ravensbrückerinnen wußte ich nicht, daß ich mir die eine zur Feindin gemacht hatte und diese ebenso unmotivierte wie unberechenbare Feindschaft später noch politische Konsequenzen haben sollte.

## 8. Kapitel

## Winter 1945/46

Als ich die Tür meines neuen Zuhauses in Schwanheim hinter mir abschließe, mich den neugierigen und keineswegs freundlichen Blicken der übrigen Hausbewohner entzogen habe, setze ich mich mit sehr gemischten Gefühlen auf den ersten besten Stuhl in der kalten, muffig und fremd riechenden Behausung. Noch einmal im Leben allein in einem eigenen Zimmer sein, es gegen die Außenwelt selbst abschließen zu dürfen, das war einer meiner Wünsche in Sibirien und in Ravensbrück gewesen. Aber welcher Glanz war damals von einem solchen imaginären Zimmer ausgegangen? In allen Einzelheiten hatte ich mir das ausgemalt, als ich im Gefängsnis von Ravensbrück in Dunkelarrest lag. Alles war erfüllt von Farbe, Schönheit und Überfluß. In diesen Wachträumen durchlebte ich die herrliche Zukunft in allen Phasen. Ich brach zum Beispiel auf zu einer Reise nach Prag, um Milena zu besuchen, die dort zu Hause war, und wollte sie mit dem Schönsten, was es gab, beschenken. Ich ging in übervolle Läden und erstand Kunstwerke, wählte Reproduktionen alter Gemälde, die wir liebten, kaufte Bücher über Bücher und erwarb einen ganz phantastischen Morgenrock,

der außen und innen aus Pelz bestand, eine besondere Überraschung für Milena, damit sie nicht mehr frieren müsse ...
Ich blicke um mich und sehe den Koffer neben mir. Ganz zu unterst liegt das, was ich suche: ein gelbes Pappschächtelchen, darin einige Bleistifte, ein geschliffener Glaskopf und eine Briefmarke mit der Visage Hitlers, ein kleines hellrotes Taschentuch und einige Ansichtskarten von Prag. Das hinterließ Milena, als sie in Ravensbrück starb. Ich vergesse alles um mich her, sitze mit Mantel und Mütze, bis es dunkel wird.

*

Eines Tages treffe ich in der Frankfurter Betreuungsstelle Maria Fischer. Wir fallen uns um den Hals. Maria ist eben erst angekommen. Ich blicke in ihr verändertes Gesicht, in die rastlosen Augen, die keinen Moment still stehen, und frage, ob sie krank gewesen sei. Sie nickt. Dann erfahre ich, daß sie in Berlin auf ihren Mann gewartet habe, in der Hoffnung, ihn dort nach zehnjähriger Trennung zu treffen. Mit der letzten Post nach Ravensbrück hatte sie noch von ihm gehört. Von den aus Sachsenhausen heimkehrenden Männern erhielt sie die Nachricht, ihr Mann sei kurz vor der Befreiung im Lager gestorben.
Ich lade sie ein, bei mir in Schwanheim zu wohnen, denn sie hat keine Unterkunft. Während der Jahre in Ravensbrück gehörte Maria zu den Menschen, deren heiteres Naturell, deren Hilfsbereitschaft und deren Lust am Lachen sie heraushob aus der Masse der

Häftlinge. Zu ihr kam man mit seinen Bitten, und sie half, ohne auch nur ein einziges Wort darüber zu verlieren, daß sie sich dabei selbst in Gefahr brachte. Ich erinnere mich noch an eines ihrer Bravourstücke. Sie arbeitete in der Küche und wurde von der SS-Aufseherin mit in die Baracke genommen, wo die Lebensmittel aufgespeichert waren. Voller Mut und Geschicklichkeit entwendete sie einen 10-Kilo-Karton mit Margarinewürfeln und trug ihn am hellichten Tage aufrechten Hauptes über die Lagerstraße, so als führe sie einen Auftrag von höherer Stelle durch. Nachdem sie die Beute in der Wohnbaracke versteckt hatte, nahm sie sich abends die Mühe, die Margarine in kleine Portionen zu zerschneiden und sauber eingepackt heimlich unter viele Kopfkissen im Schlafraum zu stecken.

Der Winter des Jahres 1945/46 war eine kalte, eine wahrhaft düstere Zeit für die Deutschen. Im Städtchen Schwanheim gab es pro Monat einen Zentner feuchten Holzes, das Gas funktionierte nur stundenweise, die Straßen waren unbeleuchtet, und überall mußte man Schlange stehen. Als Maria bei mir einzog, werden alle diese Mißlichkeiten mit einem Schlage unwesentlich. Wir sehen das Leben nur noch von seiner heiteren bzw. komischen Seite. Da der Ofen im Zimmer auf Anthrazit eingerichtet, also mit Holz nicht heizbar ist, bleibt uns zum Erwärmen nur der Küchenherd. Es qualmt zwar erbärmlich, aber wir sitzen vor dem Bratofen – jede hat ein Bein in die Backröhre gesteckt – und erinnern uns an komische Erlebnisse im Lager. Außerdem besitzt Maria, Köchin von Beruf und Kind eines Kölner Bauarbeiters, ein unerschöpfliches Repertoire an Tünnes- und Schäl-Witzen. Wir biegen uns vor Lachen. Doch Maria sorgt nicht nur für Heiterkeit, sie kümmert sich auch um unser leibliches Wohl. Im Gegensatz zu mir, die ich als Unperson gelte, wird sie von der Frankfurter Betreuungsstelle in der Wiesenhüttenstraße regelmäßig benachrichtigt, wenn es irgendeine Zuteilung für ehemalige KZler gibt. Niemals unterläßt sie es, dort auch meine Rechte zu verfechten, und das stets mit Erfolg.

## 9. Kapitel

# Ein Besuch aus Amerika

Im Januar 1946 klingelt es eines Tages an unserer Wohnungstür. Schon das war ein Ereignis. Denn wer sollte uns ganz und gar Unbekannte in Schwanheim besuchen? Vor der Tür steht ein dunkelhaariger Mann und redet amerikanisch auf mich ein. Erst als er den Namen meiner Schwester Babette erwähnt, bitte ich ihn einzutreten. Er überbringt eine kaum glaubliche Nachricht: Ich sei zur Erholung eingeladen und könne wählen zwischen der Schweiz und Schweden. Die Einladung käme von der amerikanischen Hilfsorganisation International Rescue and Relief Committee. Der Überbringer dieser frohen Botschaft hieß Irving Brown und war ein Vertreter der American Federation of Labor, also der amerikanischen Gewerkschaften.

Diese Überraschung hat eine lange Vorgeschichte. In den letzten Monaten von Ravensbrück, als es dort drunter und drüber ging und keiner wußte, ob er das Ende der Schrecken erleben würde, gaben mir meine deutschen, norwegischen, tschechischen und französischen Freundinnen ihre Adresse, die ich auswendig lernen mußte, und sie erhielten von mir nicht nur die Adresse meiner Mutter in Potsdam, sondern auch

die meiner nach Mexico emigrierten Schwester Babette, obgleich mir unbekannt war, in welcher Stadt sie dort wohnte. So nannte ich ihnen nur ihren Namen und aufs Geratewohl die Hauptstadt des Landes: Mexico City. Die Verabredung mit den Freundinnen lautete: Wenn sie das Lager vor mir verlassen sollten, würden sie an die von mir genannten Adressen schreiben und berichten, wann sie mich zuletzt lebend gesehen hätten. Für mich galt das gleiche.
Meine Schwester Babette, die keineswegs in Mexico City, sondern in Coyoacan wohnte, erhielt im Winter 1945/46 fast gleichzeitig fünf Briefe, aus denen sie erfuhr, daß ich überlebt und am 21. April 1945 das Lager verlassen hätte. Unbekannt blieb hingegen, wo ich danach geblieben sei. Meine Schwester rief sofort eine Bekannte in New York an, nämlich Sheba Strunski, die Leiterin des IRRC, und beriet mit ihr, was man in diesem schwierigen Fall tun könne. Sheba hatte gerade von der geplanten Reise Irving Browns nach Europa gehört. Sie setzte sich mit ihm in Verbindung und bat ihn, mich in den Westzonen Deutschlands zu suchen. Er tat es und fand schließlich Namen und Adresse in der Kartei der Frankfurter Betreuungsstelle in der Wiesenhüttenstraße 11.
Für den Amerikaner Irving Brown gab es, was eine Reise nach Schweden oder in die Schweiz anbetraf, begreiflicherweise keine Probleme. Deshalb hätte ich mich, meinte er, augenblicklich zu entscheiden, in welches der beiden Länder ich wolle. Ich aber lächele milde, bin voller Dankbarkeit ob dieser wunderbaren Absichten, mache ihm jedoch klar, daß eine

Deutsche wie ich niemals ein Exit Permit erhalten würde, denn das gehöre mit zu den Verfügungen des Obersten Kontrollrates in Berlin, die jegliches Reisen Deutscher ins Ausland untersagten. »So etwas gilt aber auf keinen Fall, wenn es sich um eine Einladung des IRRC handelt«, sagt Irving Brown mit Nachdruck. Er übergibt mir die schriftliche Einladung – ich hatte mich rein theoretisch für Schweden entschieden – und beschwört mich, so schnell wie möglich in eine Baracke neben der Ruine der Frankfurter Oper zu gehen, wo eine amerikanische Behörde Exit Permits ausstelle. Seine Hartnäckigkeit rührt mich, und ich verspreche, es am nächsten Tage zu tun.

Dann schneidet Irving Brown ein anderes Thema an. »Haben Sie Lust, Menschen zu treffen, die so wie Sie Gegner der Nazis waren?« Auf meine Frage, wo diese Menschen seien, sagt er nur: »In einem Haus in Hochheim.« Natürlich hatte ich Lust und verabschiedete mich von der leicht verwirrten Maria.

Das alte Städtchen Hochheim liegt auf einem Rebenhügel, von dem aus man über das breite Maintal bis hin zum Rhein blicken kann. Wir halten vor einer behäbigen Villa. Daß es sich um das von der amerikanischen Besatzungsmacht beschlagnahmte »Schloß« des Sektfabrikanten Gräger handelt, sollte ich erst später erfahren. Empfangen werden wir vom neuen Schloßherrn, vom US-Leutnant Sigi Höxter, einem deutschen Emigranten, von Beruf Mathematikprofessor und 1946 mit der Aufgabe betraut, deutsche Antifaschisten um sich zu sammeln. Das jeden-

falls war vorerst meine Erklärung für seine Tätigkeit. Von den Gästen, die mir vorgestellt wurden, kenne ich niemanden. Auch daß die meisten zur SPD gehören, weiß ich nicht. Bei meinen Besuchen in Hochheim lerne ich Professor Herman Brill kennen, dann Kurt Schumacher, Günther Markscheffel, Arno Behrisch, Zinkahn, Kriedemann und eine ganze Reihe anderer, deren Namen mir inzwischen entfielen. Zu Sigi Höxters Menage gehörte ein Adjutant, seines Glaubens nach Mormone aus Salt Lake City, ferner ein Chauffeur mit Namen Jean, eine Köchin sowie mehrere besonders gut aussehende Dienstmädchen. Aber auch die wild kläffenden Wolfshunde dürfen nicht vergessen werden.
Die Unterhaltung oder, besser gesagt, das Sichkennenlernen spielt bei den Begegnungen in der Gräger-Sekt-Villa eine wesentliche Rolle, doch ebenso wichtig ist – denn wir Eingeladenen durchleben ja wahrhaft magere Zeiten – die Beköstigung. Die Gastmähler sind großartig, und mit alkoholischen Getränken wird auch nicht gespart. Am nachhaltigsten jedoch spricht ihnen der Hausherr selbst zu. In meiner Erinnerung hält er stets ein Glas in der Hand. Bei Gesprächen in Hochheim, in denen man auch auf weiter zurückliegende innen- und außenpolitische Ereignisse zu sprechen kommt und dabei offenbar annimmt, allgemein Bekanntes zu erwähnen, geht mir mit Schrecken auf, außerhalb dieser Welt gelebt zu haben. Zehn Jahre lang – nein, es waren ja sogar zwölf – drangen nur noch ganz selten und meistens völlig verzerrte Nachrichten aus dem Westen zu uns

Emigranten, und noch viel weniger erreichte uns, als wir später Häftlinge waren.
Diese neue Erkenntnis macht mich völlig unsicher, und ich beginne sogar die eigene Beurteilung bestimmter politischer Ereignisse in Frage zu stellen. Ich bewege mich plötzlich auf unsicherem Boden. Unerschüttert blieb hingegen meine Beurteilung der beiden KZ-Systeme und meine Meinung über die Gefahr, die dem Westen von seiten der Moskauer Machthaber drohe.
Der Besuch im Gräger-Sekt-Schloß beendete jäh mein Einsiedlerdasein. Er zwang mich, am Leben teilzunehmen. Der Emigrant Höxter interessierte sich brennend für alles, was ich in Sowjetrußland erlebte. Er wie alle anwesenden SPD-Leute, soweit sie sich dazu äußerten, lehnen den Kommunismus ab und machen Front gegen die Ostberliner Propaganda einer Vereinigung von KPD und SPD.
Sicher war das das Thema, das Kurt Schumacher besonders erregte, denn er, wie kein anderer, übersah die möglichen Konsequenzen dieses sowjetischen Betrugsmanövers. Auf mich wirkte Schumacher, den ich bis dahin nicht kannte, seltsam gehemmt. Vielleicht entstand dieser Eindruck auch durch die Rücksichtnahme aller Anwesenden auf ihn, einen Kranken. Sein Gesicht war unnatürlich gerötet wie bei Menschen mit zu hohem Blutdruck. Er schien stets in einem Zustand heftiger Spannung zu sein. Nun war ja auch Grund genug dazu vorhanden, ging es doch neben dem Kampf um Verhinderung einer Zwangsvereinigung der beiden Arbeiterparteien in

der Sowjetischen Besatzungszone auch um die Neugründung der Sozialdemokratischen Partei in Westdeutschland, und das so schnell wie möglich.
Sigi Höxter, ein Mitglied der SPD, hatte offensichtlich den Auftrag, die sogenannten demokratischen Kräfte zu sammeln, um über dieses Problem zu diskutieren. Für wen er diesen Auftrag durchführte, für welche amerikanische Stelle er tätig war, ob für die amerikanischen Gewerkschaften oder für die CIA, blieb mir unbekannt. Tatsache war, daß die Amerikaner ein Interesse hatten und bestimmt auch die nötige Unterstützung gewährten – wofür die Entsendung Irving Browns sprach –, die SPD so schnell wie möglich wieder erstehen zu lassen. Eben zu diesem Zweck war Kurt Schumacher aus der englischen Besatzungszone – er lebte in Hannover – zu den Amerikanern an den Main gereist.
Am Abend fuhr mich der Chauffeur Jean nach Schwanheim zurück. Vor der Haustür überreichte er mir einen Sack, der auf allen Seiten den Aufdruck trug: »US Army«. »US Army«. Als ich dessen Inhalt vor Maria Fischer auf den Küchentisch ausleere, schlägt sie die Hände überm Kopf zusammen und schreit: »Solche herrlichen Sachen gibt es noch! Kaffee! Tee! Zucker! Gott, wie wunderbar! . . . « Marias Köchinnenleidenschaft bordet über, als sie in dem Lebensmittelberg auch noch Mehl, Fett, Eipulver und Kondensmilch entdeckt. Sie schreitet sofort zu Taten. Ein Kuchen wird gebacken, und wir durchjubeln die ganze Nacht.

*

An einem der nächsten Tage aber wird es ernst. Maria erzählt mir, und das nicht ohne Anzeichen von schlechtem Gewissen, sie sei zu einem Schulungskurs in die Ostzone eingeladen worden. Bei dieser Nachricht blieb mir die Spucke weg, ja, ich war fassungslos und wollte von ihr wissen, wie das zustande gekommen sei. »Maria, wie konntest du dich denn überhaupt mit den Kommunisten einlassen? Was hat dich nur dazu getrieben?« drang ich in sie. »Hast du, nach allem, was ich dir erzählte, denn nicht begriffen, daß die keinen Deut besser sind als die Nazis?« Maria schwieg betreten. Erst langsam wird mir klar, was da geschehen ist. Die Kommunisten von der Betreuungsstelle, gemeinsam mit einer »Genossin«, die Maria aus dem Zuchthaus kannte, haben es fertiggebracht, in dieser einfachen Seele den Trieb nach Höherem zu wecken. Die Voraussetzung für ihre Wandlung begann wohl schon im Zuchthaus, wo Maria immer wieder mit Kommunistinnen zusammengesessen hatte. Sie und ihr Mann waren völlig unpolitische Menschen gewesen, bevor sie in die Fänge der Gestapo gerieten, weil sie einem flüchtenden Kommunisten in ihrer Wohnung Unterkunft gewährt hatten.
Aus Marias stockendem Bekenntnis wird mir klar, daß sie nun nicht mehr Köchin sein wolle. Die Idealvorstellung, die Lenin einst in »Staat und Revolution« von der Köchin hatte, nach dem diese im Kommunismus lernen müsse, den Staat zu regieren, war Maria garantiert unbekannt, sonst hätte sie sich bestimmt vor Lachen geschüttelt. Doch was die

Kommunisten jetzt mit ihr vorhatten, war ganz und gar im Sinne Wladimir Iljitschs. Arme, arme Maria! Ich rede mir den Mund fusselig, immer noch in der Hoffnung, sie zurückhalten zu können. Aber vergeblich. Es hatte sie gepackt.
Was mag wohl aus der Armen werden? Vier Wochen lang stopfte man sie mit Referaten über die »glorreiche Geschichte der KPdSU« voll, erzählte ihr etwas von Marxismus-Leninismus, also dialektischen und historischen Materialismus – wovon sie kein Wort verstand –, schickte sie dann mit irgendwelchen hochtönenden Versprechungen für die Zukunft wieder nach Hause und überließ sie danach ihrem Schicksal.

## 10. Kapitel

# Sozialistische Emotionen

Wieder allein in Schwanheim, machte ich mich am nächsten Tag auf den Weg nach Frankfurt, um in der Baracke neben der Opernhausruine wegen eines Exit Permits zur Reise nach Schweden vorzusprechen. Es bleibt ohne jeden Erfolg. Eine schnoddrige Sekretärin fertigt mich ab mit dem Satz: »Deutsche bekommen kein Exit Permit!« Hatte ich's nicht gewußt! Irving Brown, dem ich das negative Resultat beim nächsten Besuch mitteile, schäumt vor Empörung und verspricht, in Kürze die richtige Stelle zu finden. Schließlich gelingt es ihm auch, aber erst nach mehr als einem halben Jahr. Es ist die Zentrale des Internationalen Roten Kreuzes in Weinheim an der Bergstraße. Bis es soweit kam, hatte ich alle Reisepläne längst aufgegeben und mich für die Gegend interessiert, in der wir leben mußten: für das geteilte Deutschland.

In diesen Tagen hörte ich, daß ehemalige KZler einen Verband zu gründen beabsichtigten. Ich ging zur angesagten Versammlung, in der eine fast krankhafte Hochstimmung herrschte. Erst nach und nach wurde mir klar, wer die Initiatoren dieser Veranstaltung waren und welche Absichten sie mit der Gründung der neuen Organisation verbanden.

Es handelte sich um eine gut vorbereitete kommunistische Aktion, auf der Stalinisten das Sagen hatten. Parteipolitische Differenzen traten bei der Veranstaltung kaum in Erscheinung. Alles schwelgte im Wunsch nach Frieden und begeisterte sich an den Vorschlägen der Redner, für Wiedergutmachung zu kämpfen. Der Vorschlag der Kommunisten, als einheitliche Kraft aufzutreten, ließ die nichtkommunistischen KZler gar nicht auf den Gedanken kommen, daß die KP-Funktionäre mit dem zu gründenden VVN, mit dieser »Einheitsfront«, die sie ständig beschworen, ganz andere Absichten verbinden könnten als »Gemeinsame Aufbauarbeit«. Auf dieser Versammlung sah ich zum erstenmal den kommunistischen Funktionär Emil Carlebach, der sich später als mein erbitterter Gegner entpuppen sollte.
Mit kurzem Abstand erhielt ich drei Briefe. Zwei davon raubten mir den Schlaf und ließen mich zutiefst an mir selbst zweifeln: einer aus West-Berlin von Maria L., der andere von Lotte aus Brandenburg an der Havel und der dritte von Vater K. aus Boizenburg an der Elbe.
Mit Maria L. und Lotte Henschel verbrachte ich Jahre gemeinsam im KZ Ravensbrück und hatte in der Vorstellung gelebt, ihnen ihre kommunistische Überzeugung, die sowieso schon brüchig gewesen war, für alle Zeiten ausgetrieben zu haben. Nun mußte ich in Maria L.s Brief folgendes lesen: »Berlin, den 8. Januar 1946. Meine liebe Grete, ... Wie oft habe ich an Dich gedacht und schon von einigen Seiten gehört, daß Du in Bayern bist ...« »Wieder zu-

rück in Berlin stellte ich mich zur Arbeit zur Verfügung, und man forderte mich für das ZK.« (Gemeint ist das Zentralkomitee der Kommunistischen Partei. B.-N.) »Du kannst Dir vorstellen, daß ich hier einige Hemmungen hatte ... da ich aber keinen direkten Grund hatte, dort nicht anzufangen, nahm ich die Arbeit an...« ... »Und ich muß Dir sagen, daß ich hier doch so langsam verstehen gelernt habe. Schon die Proklamation vom Juni 1945 fand meinen vollen Beifall. Jetzt – hieß es – auf einer neuen Grundlage, angepaßt den veränderten Verhältnissen und vor allem: restlose Vernichtung des Faschismus, die nicht darin besteht, den kleinen Nazimann einzusperren, sondern das Übel an der Wurzel zu packen, d.h. Voraussetzungen zu schaffen, daß der Faschismus nie mehr sein Haupt erheben kann, nicht der Faschismus und nicht die Reaktion, Voraussetzungen schaffen, daß der deutsche Mensch gewandelt wird.« (Tja, die Hoffnung auf den neuen, auf den »sozialistischen Menschen« sitzt eben allen Zukunftsgläubigen unausrottbar tief in den Knochen!) »Und ich konnte mich davon überzeugen«, schreibt Maria weiter, »daß wirklich ehrliche Bestrebungen dazu bei uns« (d.h. bei den Kommunisten. B.-N.) »vorhanden sind, ehrlich und sauber. Und dem kann ich mich nur anschließen, man muß einfach bei uns mitarbeiten – und jeder meldete sich, ob vorher KAP, KPO, SAP – das ist ganz gleich. Mit der Schuldfrage war ich nicht einverstanden, denn man kann nicht der lebenden Generation die Schuld zuschreiben, die schon Generationen vorher auf sich geladen haben.« (Welche Schuld mag Maria da wohl meinen?) »Eine relative Schuld ist natürlich vorhanden, denn Hitler handelte ja im Namen des deutschen Volkes, und auf das Volk fällt es zurück, und nur im Erkennen der Mitschuld, des Duldens usw. liegt auch der Wille zur Änderung. Jetzt wird diese Frage beiseite geschoben, die Hauptschuldigen sitzen in Nürnberg, und die Hauptschuldigen sind die Kapitalisten, und hier muß auch angesetzt werden. Und es wird angesetzt, das ist für mich die große Freude. Natürlich geht alles unter großen Schwierigkeiten vor sich – aber es geht Schritt für Schritt. ... Die Einheitsbestrebungen mit der SPD gehen auch vorwärts, hier sind gegenseitige Vorurteile vorhanden, aber mehr auf seiten der SP, die sich noch nicht frei fühlt von ihren Traditionen. Ich habe auch hier die Überzeugung, daß es uns in unserer Zone gelingt, die Arbeiterschaft zu einigen auf der Grundlage des Kommunistischen Manifestes, des Eisenacher und Gothaer Programms, wie es auf der Sitzung am 22. 12. 45 beschlossen wurde. Wenn uns das gelingt, eine Partei zu bilden mit einer klaren Erkenntnis, einer klaren Grundlage und mit klaren Zielen, so bedeutet das einen Fortschritt, den man noch gar nicht zu übersehen vermag, und das würde bedeuten, die letzten zwölf Jahre waren nicht umsonst. ... Aber ich bin jetzt ganz erfüllt von einer großen Freude, daß wir die Möglichkeit haben, die Welt vorwärts zu stoßen ...«

... »Hier will ich etwas einfügen, was mich etwas bekümmert hatte, man forderte von mir einen Be-

richt über Dich, d. h. eine offizielle Stelle auf meinem Arbeitsplatz.« (Also das Zentralkomitee der Kommunistischen Partei! B.-N.) ... »Mir war das – Dir gegenüber – sehr unangenehm, aber Du kannst Dir denken, daß ich den Bericht entsprechend gehalten habe ... Das sind Sachen, die mich nicht angenehm berühren ...« ... »Wie man angab, interessierte man sich vor allem dafür, wie Du in Ravensbrück gelandet bist. Ich erklärte nur, daß ein Austausch stattgefunden habe.« (Die Wahrheit, und die kannte Maria sehr wohl, daß es nämlich eine Auslieferung von ca. 500 deutschen und österreichischen Emigranten durch das NKWD an die Gestapo war, konnte sie also nicht einmal im Brief an mich über die Lippen bringen. B.-N.) ... »Und noch eine traurige Mitteilung muß ich Dir in diesem Zusammenhang machen: Dein Mann lebt nicht mehr. Ich erfuhr dies von anderer Seite. Nähere Umstände weiß ich leider nicht ...« ... »Dann hörte ich von mehreren Seiten, daß sich der Mann Deiner Schwester Babette in Belgien aufgehängt habe, angeblich soll er sehr viele Leute denunziert haben.«
Auch diese Mitteilung über das Ende Willi Münzenbergs ist eine typisch kommunistische Lüge. Sie kann nur von einer einzigen Stelle ausgegangen sein: von der Desinformationsabteilung des NKWD. Damit war Moskau bestrebt, das Andenken Münzenbergs, der zu den bekanntesten Figuren der KPD gehört hatte, zu verunglimpfen. Er mußte für die »Genossen« von jetzt ab eine »Unperson«, ein Verräter gewesen sein.

Münzenberg hatte den Zorn, ja den Haß Stalins erregt, als er sich im Jahre 1936 von der Komintern* abwandte und in Paris, wo er als Emigrant lebte, eine selbständige politische Tätigkeit entfaltete. Für Stalin war ein solches Verhalten todwürdig. Und so traten die Häscher des sowjetischen NKWD in Aktion.

*

Als kurz vor der Kapitulation Frankreichs die Deutschen aus den französischen Internierungslagern freigelassen wurden, verließ auch Münzenberg das Lager Chambarran östlich von Lyon. Gemeinsam mit Hunderten Internierter lief er in Richtung Valence, einer Stadt an der Rhone südlich von Lyon. Zum letzten Male wurde er in dem Ort St. Antoine gesehen. Dort machte eine kleine Gruppe erschöpfter deutscher Emigranten Halt. Man hatte erfahren, daß es in dem nicht weit entfernten Ort Montagne ein Auto geben solle, mit dem sie möglicherweise nach Marseille fahren könnten. Münzenberg und zwei andere Männer brachen auf und verschwanden im Walde Richtung Montagne. Einige Monate später stöberte der Jagdhund eines Bauern aus St. Antoine in eben diesem Walde die von Laub bedeckte, stark verweste Leiche Münzenbergs auf. Um den Hals war ihm ein Stück Stacheldraht geschlungen. Man hatte ihn erdrosselt. Als der von den Sowjetrussen 1950 aus der Bundesrepublik entführte ehemalige kommunistische Bundestagsabgeordnete Kurt Müller von einem MWD-Beamten verhört wurde, sagte die-

* Kommunistische Internationale

ser zu ihm: »Sie wissen ja wohl, daß wir Willi Münzenberg auch zur Strecke gebracht haben.«
Im Brief Maria L.s heißt es dann weiter ... »Seit Ende Oktober bin ich bei der Zentralverwaltung für Volksbildung als Sekretärin bei dem Leiter der Abt. Allg. Volksbildung. Ins ZK kamen Kräfte von drüben«, (d.h. Funktionäre aus Moskau. B.-N.) »und ich äußerte den Wunsch zum Umwechseln in die Zentralverwaltung ...« »... Ich sende Dir viele, viele herzliche Grüße und umarme Dich in alter Freundschaft. Deine Maria.«
Der zweite Brief, der mir den Atem verschlug, stammte vom 24. Februar 1946 und kam aus Brandenburg an der Havel von Lotte Henschel, einem ehemaligen Mitglied der SAP, jener angeblich linken Abspaltung von der SPD, die in Wirklichkeit eine Tarngründung der KPD gewesen ist. Lotte schrieb: »Liebe Grete, ... Du schreibst, die positive Einstellung der Maria (zum Sowjetregime in der Zone. B.-N.) habe Dich tief erschüttert...« »...in gewisser Weise habe auch ich eine positive Einstellung angenommen. Ich habe es Dir gegenüber als Untreue empfunden. Noch vor wenigen Monaten lebte ich ganz in Deiner Welt.« (Sie meint im KZ Ravensbrück). »Jetzt habe ich versucht, mir eine eigene, neue Welt aufzubauen. Nicht durch den Einfluß anderer Menschen, sondern einfach aus der Erkenntnis heraus, *daß man nicht abseits stehen kann*.« (Alle Hervorhebungen von B.-N.)
»Als ich zurückkam, hatte ich zunächst keine Vorstellung davon, welche Politik man einschlagen wird,

außer der Politik, die uns von seiten der Besatzungsmacht vorgeschrieben wird. Da kam die erste Losung heraus: Ausrottung des Faschismus. Das leuchtete mir sofort ein. Wer kann dagegen sein? Dann kam die zweite wichtige Frage, die Frage des Wiederaufbaus. Das war auch eine Notwendigkeit, der ich mich nicht verschließen konnte. Nun kam hinzu, daß die ehemaligen Konzentrationäre sogleich herausgestellt wurden. Ich war kaum 8 Tage hier, da mußte ich über meine Hafterlebnisse sprechen. Das Sprechen liegt mir nicht, aber ich tat es so recht und schlecht es ging. Von dem Tage an war ich eingespannt in die *Bewegung*, ohne daß ich noch recht zur Besinnung gekommen war. Ich hatte große Bedenken, aber die beiden zuerst genannten Gründe machten mir die Sache tragbar. Außerdem muß ich zugeben, Grete, daß ich nicht stark genug war, *immer und immer abseits zu stehen und eine ablehnende, negative Haltung einzunehmen*. Das habe ich 12 Jahre lang getan, *und man ist so allein dabei*. Und ich muß Dir sagen, die *ersten Versammlungen mit den roten Fahnen und den alten Genossen haben einen großen Eindruck auf mich gemacht. Als wir das erste Mal im alten traditionellen Versammlungslokal der SPD gemeinsam die Internationale sangen, da kamen mir die Tränen, und nicht nur mir allein*. Nach 12 Jahren Faschismus bahnt sich da wieder etwas an, an dem man mit ganzem Herzen hing, auch wenn es nicht so war, wie man es sich vorstellte. Da macht man schon mit. Kannst Du das verstehen, Grete?« . . .

» . . . Ich wünschte, ich säße hier nicht so fest drin

und könnte ohne Überlegen zu Dir kommen für immer. *Aber nun stelle Dir vor, sie haben mich auf die Parteischule geschickt*... Jetzt fühle ich mich der Partei gegenüber verpflichtet. Sie erwartet nun natürlich etwas von mir. Ich bin auch gerne zur Schule gegangen, muß ich sagen. *Die Lehre vom alten Marx und Engels ist ja doch immer die wahre*. Es wurden auch viele aktuelle Themen dort behandelt. Die waren manchmal schwieriger zu verstehen ...«

»... Du schreibst, das Leben ist hart. Das finde ich auch. Ich bin, solange ich frei bin, noch nie richtig froh geworden. Die lange Haft lastet auf einem. Ich kann Dir nachfühlen, wie Dir zumute sein muß. Das Beste, was man auf der Welt haben kann, sind Menschen, die einem nahestehen. Und darum weiß ich, wie es Dich treffen muß, wenn die Menschen, die Dir noch am nächsten stehen, Dich enttäuschen. Ich habe Dir nichts vorgemacht, sondern Dir alles so geschildert, wie es sich verhält. Ich hoffe, daß Du nicht den Eindruck bekommen hast, daß ich nicht nach wie vor rückhaltlos zu Dir stehe.

Ich überlege mir sehr ernsthaft, ob ich nicht ganz zu Dir komme.

Laß mir, bitte, ein wenig Zeit dazu ...«

»... Auf baldiges Wiedersehen

Deine Lotte.«

Der Brief Marias mit ihrem Bekenntnis zum Kommunismus, die Tatsache, daß sie ohne zu zögern im Zentralkomitee der KPD zu arbeiten begonnen hatte, die fadenscheinigen Argumente, die sie zu ihrer Verteidigung vorbrachte, wirkten auf mich zutiefst

unehrlich, ja verlogen. – Erst viele Jahre später sollte ich die angeblich wahren Beweggründe erfahren, die sie dazu getrieben hatten, sich gleich nach der Heimkehr aus dem KZ den Kommunisten an den Hals zu werfen. Sie tat es in der Hoffnung – so erzählte man mir –, auf diese Weise ihren Mann zurückzugewinnen. Er hatte sich nach der gemeinsamen Verhaftung durch die Gestapo von seiner Frau abgewandt, weil sie – so behauptete man –, um ihren Mann zu retten, alle Schuld auf einen Mitgenossen geschoben habe. Dieser sei daraufhin von der Gestapo zum Tode verurteilt und hingerichtet worden.
Im Frühjahr 1945 war mir noch nicht klar, daß Marias und Lottes Verhalten auch damit erklärt werden konnte, daß beide, im Gegensatz zu mir, den Kommunismus ja nicht in der Realität kennengelernt hatten, sondern von seinen menschenmörderischen Methoden nur durch mich, also aus zweiter Hand, erfuhren. Das genügte offenbar nicht, sie für alle Zeit gegen dieses Übel immun zu machen. Da die menschliche Phantasie sehr begrenzt ist, kann man Erfahrungen schwer weitergeben. Die meisten Menschen ziehen nicht einmal Konsequenzen aus den eigenen Erfahrungen, geschweige denn aus denen anderer. Das bedachte ich nicht, sondern fühlte mich von beiden verraten, hatte ich doch erwartet, daß wir nach der Befreiung gemeinsam die kommunistische Ideologie und Praxis entlarven würden. Dieser ersten Enttäuschung auf diesem Gebiet sollten im Laufe der Jahre zahllose weitere folgen. Aber sie trafen mich nicht mehr so hart wie jene vom Anfang des Jahres

1946, denn auch ich büßte langsam aber sicher viele Illusionen ein und wurde härter im Nehmen.

*

Was aber konnte man eigentlich von diesen beiden Frauen anderes erwarten, wenn in der sowjetisch besetzten Zone – wie ich erst später erfuhr – gestandene alte Sozialdemokraten wie Grotewohl, Gniffke, Fechner und andere auf das kommunistische Betrugsmanöver von der geplanten »Wiedervereinigung der Arbeiterklasse« hereinfielen? Sie krochen den Sowjets und den sowjetischen Agenten à la Ulbricht auf den Leim, als hätten sie nie davon gehört oder gelesen, wie die Bolschewiken in Rußland nach der Machtergreifung im Jahre 1917 ihren sozialistischen Gesinnungsgenossen, den Menschewiken, mitgespielt haben. Nur weil diese Sozialdemokraten waren, wurden sie von der sowjetischen Staatspolizei verhaftet und verschwanden meist auf Nimmerwiedersehen in den Zuchthäusern oder Konzentrationslagern Sibiriens.
Offenbar fällt es vor allem Sozialisten schwer, aus der Geschichte der Arbeiterbewegung zu lernen. Sie verschließen die Augen vor der Wirklichkeit, für sie bleiben trotz aller bösen Erfahrungen die Kommunisten letztlich doch Gesinnungsgenossen, also Sozialisten und Marxisten wie sie selbst, solche, die den gleichen Kampf führen, um den Kapitalismus zu beseitigen. Zwar greifen die Kommunisten in diesem Kampf zu Mitteln, die viele Sozialdemokraten ablehnen, aber trotzdem regt sich in ihren Herzen auch

weiterhin der Glaube an das von Karl Marx prophezeite Paradies auf Erden, also an das gleiche Ziel, dem angeblich auch die Kommunisten zustreben.

*

Auf Lotte Henschels Brief reagierte ich viel milder als auf Marias. Für sie empfand ich tiefes Mitleid. 20jährig verlor sie die Freiheit. Wie sollte dieses einfache, unsichere Mädchen nach neunjähriger Haft nun plötzlich zu eigenen Entschlüssen fähig sein? Sie blieb infantil. Das enge Zusammenleben mit den häufig sehr ambitiösen Politischen während der Gefängniszeit hatten in ihr hochgeschraubte Erwartungen an die zukünftige Freiheit gezüchtet. Ebenso wie Maria Fischer fühlte auch sie sich nun zu Höherem berufen: Sie wollte auf keinen Fall länger ein Ladenmädchen sein. Aber welchen Beruf hätte sie denn sonst ergreifen können? Sie besaß nur minimale Schulkenntnisse und schon gar keine selbst erarbeitete Bildung.

11. Kapitel

# Die »Wiedervereinigung der Arbeiterklasse«

Im Unterschied zu den westlichen Besatzungszonen, also der amerikanischen, der englischen und der französischen, hatte die sowjetische Militäradministration früher als die anderen der Gründung von politischen Parteien – zumindest, was sich Kommunisten unter Parteien vorstellen – zugestimmt. Angeblich wollten sie dadurch dem Entstehen einer antikommunistischen Koalition zuvorkommen.

Ein besonders ernsthaftes Anliegen Moskaus war jedoch, die »Wiedervereinigung der Arbeiterklasse«, also den Zusammenschluß von KPD und SPD, so schnell wie möglich zu vollziehen. Dieser Plan verriet eine raffinierte Strategie im Hinblick auf eine mögliche Ausweitung des kommunistischen Einflußgebietes, letztlich auf das bolschewistische Fernziel: die Weltherrschaft.

Seit dem Jahre 1919, seit die deutschen Kommunisten unter Anleitung Moskaus die »Arbeiterklasse« gespaltet hatten, unternahm die KPD immer wieder Versuche, eine »Einheitsfront der Arbeiterklasse« herzustellen, in Wirklichkeit aber, der SPD Mitglieder abspenstig zu machen oder sie gar ganz auszuschalten.

In dem von der Roten Armee besetzten Teil Deutschlands hätte es im Jahre 1945/46 nur eines Machtwortes der sowjetischen Behörden bedurft, um die »Wiedervereinigung der KPD mit der SPD« zu vollziehen. Die Eroberer hielten sich jedoch noch zurück, sie wählten vorerst die weiche Tour, hofften sie doch, auf diese Weise auch die SPD in den westlichen Besatzungszonen übertölpeln zu können und auch dort die »Wiedervereinigung« zu vollziehen, also gleich zwei Fliegen mit einer Klappe zu schlagen.

Ohne die unerschütterlich feste Haltung des führenden Mannes der SPD, ohne Kurt Schumacher, der genau wußte, um was es bei der sogenannten Wiedervereinigung ging, wäre den Kommunisten möglicherweise auch in den westlichen Besatzungszonen damals ein Zusammenschluß der KPD mit der sozialdemokratischen Partei gelungen. Doch schon der erste Versuch schlug fehl. Als drei Abgesandte aus Ost-Berlin, die führenden Sozialdemokraten Otto Grotewohl, Max Fechner und Gustav Dahrendorf, im Juni 1945 Schumacher zu einer Besprechung in Wenningsen bei Hannover einluden, ließ dieser sich wegen Krankheit entschuldigen. Wenige Tage nach der geplanten, aber nicht erfolgten Begegnung warnte das Büro Schumacher in einem Rundschreiben vor einer Verbindung mit dem Zentralausschuß der SPD in Berlin und bezeichnete dessen Mitglieder als »Befehlsempfänger des Kreml«.

Auf der ersten »Gemeinsamen Konferenz des Zentralausschusses der SPD und des Zentralkomitees der

KPD« am 20. und 21. Dezember 1945 in Ostberlin sprach für die Sowjetzonen-SPD Otto Grotewohl. Schon der erste Satz seiner Rede verriet, wohin er steuerte: »Genossinnen und Genossen! Über die Einheit der Arbeiterklasse gibt es keine Diskussion; sie ist notwendig.«

Und Wilhelm Pieck, der Schweifträger Moskaus, der für die KPD sprach, ging ohne Vorbereitung auf den Feind los: »Ich bin der Überzeugung«, begann er seine Rede, im Biedermannston sich an die anwesenden SPD-Funktionäre wendend, »daß hier keiner im Saale ist, der etwa mit den Richtlinien einverstanden ist, wie sie ein Herr (!) Schumacher in Hannover aufgestellt hat ... «

Auf der Parteikonferenz der KPD am 2. und 3. März 1946 ereiferte sich Pieck neuerlich über Schumacher und sagte: »Es ist deshalb auch nicht zu verwundern, wenn die Reaktion versucht, ihre Agenten in die Reihen der Arbeiterklasse zu entsenden, um ... Verwirrung in die Reihen (der Arbeiter) zu tragen. Ein typisches Beispiel dafür ist das Auftreten Dr. Schumachers, der es sich geradezu zur Aufgabe gemacht hat, mit allen Mitteln gegen die Vereinigung zu Felde zu ziehen. Mit den tollsten Verleumdungen gegen die Kommunisten, mit einer infamen Hetze gegen die Sowjetunion sucht er die sozialdemokratischen Arbeiter gegen die Vereinigung mit den Kommunisten aufzupeitschen. Er schreckt sogar nicht davor zurück, offen den Fraktionskampf in der Sozialdemokratie zu organisieren und hält die Spaltung der Sozialdemokratie in zwei Lager, diesseits und jenseits der sowjetischen Zonengrenze, für das Normale. In seiner Hetze gegen das Zustandekommen der Einheit versteigt er sich sogar zu der Behauptung, daß die Einheit der Tod der Demokratie sei ... «

Als es aber trotz zahlreicher Aussprachen zwischen den leitenden KPD- und SPD-Funktionären der Sowjetzone zu keiner Einigung über den Zusammenschluß der beiden Parteien kommt, wird schnell sichtbar, wie recht Kurt Schumacher hatte. Jetzt treten sowjetische Politoffiziere in Aktion und drängen die zögernden SPD-Funktionäre zur Eile. Kommandeure und Generäle der Roten Armee mischen sich ein. Man greift zu besonders schändlichen Methoden, zum Mittel der Erpressung. Die Handlanger Moskaus verbreiten in der Zone, daß die Demontage der Fabriken – die in haarsträubender Weise praktiziert wurde – sofort eingestellt werden würde, wenn sich die SPD zur »Wiedervereinigung« mit der KPD entschlösse. Außerdem versuchte man, die führenden Leute der SPD zu kaufen. So den SPD-Funktionär Erich Gniffke mit einer Lizenz für den »Vorwärts«-Verlag und Otto Grotewohl mit einer feudalen Wohnung im kommunistischen »Funktionärsgetto« in Hohenschönhausen, dort, wo – wie es im sowjetzonalen Volksmund hieß – »die Hohen schön hausen«.

Ende Januar 1946 kam es dann schließlich zur Entscheidung. Die SPD-Funktionäre Grotewohl, Dahrendorf und Fechner werden zu Gesprächen nach Karlshorst geholt. Als Vertreter der KPD sind

Pieck, Ulbricht, Dahlem und Ackermann geladen. Für die sowjetische Seite verhandelt, und das mit Erfolg, Oberst Tulpanow. Am 21. April 1946 erfolgt der Zusammenschluß von KPD und SPD in der Ostzone. Seit dieser Zeit trägt diese Partei den Namen SED = Sozialistische Einheitspartei Deutschlands, und sie ist ein gefügiges Werkzeug Moskaus.
Jene Sozialdemokraten, die den Kommunisten dabei halfen, ihre Partei zu zertrümmern, wurden dafür belohnt. Otto Grotewohl wird Mitvorsitzender sowie Mitglied des Politbüros der SED und erhält im Jahre 1949 auch noch den Posten des Ministerpräsidenten der DDR zugeschanzt. So wurde aus ihm ein klassischer »Befehlsempfänger Moskaus«. Aber Tausende einfacher Mitglieder der SPD und viele mutige Parteiarbeiter, die sich gegen die Zwangsvereinigung gewandt hatten, mußten dafür bluten. Sie wurden verhaftet und verschwanden in den Zonengefängnissen.

## 12. Kapitel

# Bericht des Herrn M.

Herrn M. lernte ich vor einigen Jahren kennen. Das hing zusammen mit seiner Leidenschaft für Bücher. In jeder freien Stunde stöbert er in Buchhandlungen herum. Da entdeckte er eines Tages mein Buch »Als Gefangene bei Stalin und Hitler«, und das hat es ihm angetan. Er forschte nach der Verfasserin und erfuhr vom Buchhändler, daß sie, ebenso wie er, in Frankfurt lebe.
Herr M. fragte den Buchhändler, ob man solche Leute anrufen dürfe. Und der meinte: »Warum denn nicht!«
So kam Herr M. zu mir zu Besuch. Irgendwann begann er, von früher zu erzählen, von der Zeit, als er noch in der Zone lebte. Und weil es so einmalig war, bat ich ihn, er solle es mir auf Band sprechen. – Ich gebe Herrn M. das Wort:
»Daß ich mit 17 Mitglied der Ost-CDU wurde, lag gewissermaßen in der Familie. Mein Vater, ein frommer Mann, stammte aus Oberschlesien. Für alles, was in Deutschland schief ging – und in der Lebenszeit dieses Mannes ging es in Deutschland drunter und drüber –, mußte er ganz persönlich bezahlen. Aus dem Ersten Weltkrieg kehrte er schwerbeschä-

digt zurück, doch nicht etwa in seine Heimat, denn die war an die Polen gefallen. Also blieb die Familie in der Fremde. Seinen Beruf konnte er nicht mehr ausüben wegen der Verwundung. So bekam er den Posten eines kleinen Beamten bei der Reichsbahn und lebte jahrelang in der Hoffnung, später einmal eine gute Pension zu bekommen.

Dann kam Hitler an die Macht. ›Willst du ein Beamter bleiben, mußt du in die NSDAP eintreten‹, lautete die kategorische Verfügung im Jahre 1937. Er fügt sich und versucht, sein Bestes zu tun, ist er doch der Meinung: ›Wess' Brot ich ess', dess' Lied ich sing‹ ...

Mit den neuen Herren wird es besser im Vaterland, die Arbeitslosigkeit nimmt ab, und man kann wieder aufatmen. Ist man aber schon ein Mitglied der NSDAP, so muß man sich auch betätigen. Der brave Alte wird NSV-Blockwart. Er sammelt alte Kleider und anderes mehr. Wieder kommt ein Krieg, in dem an der Front und in der Heimat alles drunter und drüber geht. Als das Morden schließlich endet, haben in meiner Stadt, in der Sowjetzone, neue Herren das Reden. Man schlägt dem Vater seine Mitgliedschaft in der NSDAP um die Ohren und verlangt andere, neue Bekenntnisse von ihm. Wo aber soll er nun eintreten, um nicht aus der Arbeit zu fliegen? Kommunist ist er nicht, auch kein Sozi, er ist weiterhin Christ. Also entscheidet er sich, Mitglied der Ost-CDU zu werden und ist damit wiederum in die verkehrte Partei eingetreten. Wäre er kein Schwerkriegsbeschädigter, hätte man ihn aus der Arbeit ge-

schmissen. Das nicht. Aber mit der bescheidenen Karriere ist's nun vorbei. Und all das nur wegen der falschen Partei.
Eines Tages kommt der Parteikassierer ins Haus, sieht den 17jährigen Sohn und meint: ›Willst du nicht in unsere Jugendorganisation eintreten? Du bist doch im richtigen Alter!‹ –«
»Nur aus Lust am Gebabbele bin ich Mitglied der Jungen Union geworden«, meint Herr M. voller Resignation. »Damals war ich ein braver Lehrling in einer Handelsfirma, und als die Lehrzeit zu Ende ging, schaffte ich es sogar, meinen Jugendtraum zu verwirklichen: Ich wurde Student der Dramaturgie an der Theaterhochschule in Leipzig. Doch schon nach zwei Semestern flog ich in hohem Bogen raus, um, wie man mir liebenswürdigerweise mitteilte, ›in der Produktion von den Arbeitern zu lernen, wie man zu einem richtigen Menschen wird.‹«
Und was war der Grund des Rausschmisses? Erstens war der junge M. kein Arbeiterkind, und zweitens trug er das Kainszeichen der falschen Partei.
»Da habe ich mir in meiner Vaterstadt eine Arbeit gesucht bei einem kleinen Gerber. Aber dort stank es so entsetzlich, daß ich mich nach kurzer Zeit an die CDU wandte, die ja zu den sozusagen gleichberechtigten Parteien in der Sowjetzone gehörte und heute noch gehört. Die vermittelten mir eine Stelle im Landratsamt als Statistiker, zwar eine langweilige Tätigkeit, aber das müssen Tausende anderer ja auch machen. Irgendwann machte ich mal einen Abstecher bei der Kaderabteilung im Landratsamt, und die

brauchten gerade jemand für die Abtlg. ›Kulturelle Massenarbeit‹. Der Kaderleiter, ein junger strammer Genosse – alte kommunistische Familie –, vermittelte mich in diese Abteilung. Das war wirklich ein dolles Ding, denn die Mitglieder dieser Abteilung waren ja ›Ingenieure der Seele‹ und somit ich mit meinem schwarzen Parteibuch ja auch nicht gerade der richtige Mann. Eben das stellte sich auch nach kurzer Zeit heraus, und man entließ mich.
Das geschah angeblich aus ›strukturellen Gründen‹, in Wirklichkeit hing meine Entlassung nicht nur mit dem schwarzen Parteibuch, sondern mit der ›Zerschlagung‹ der Länder in der Sowjetzone zusammen. – Bis zu diesem Zeitpunkt gab es in der Sowjetzone fünf Länder: Thüringen, Mecklenburg, Brandenburg, Sachsen und Sachsen-Anhalt. Die wurden nun zerschlagen, um dadurch die Zentralgewalt zu stärken. Man schuf 15 Bezirke, wodurch in meiner Vaterstadt ein Heer von Angestellten der früheren Ministerien arbeitslos wurde. So saßen denn viele Genossen auf der Straße, und für die mußten natürlich Arbeitsplätze freigemacht werden. Die SED-Genossen kamen auf jene Plätze, die eine solche Figur wie ich vorher innehatte.
Ich rannte von Stelle zu Stelle und kam in keinem ›volkseigenen Betrieb‹ unter, natürlich wegen des falschen Parteibuches. Das Ganze fiel auch noch zusammen mit der sogenannten ›Zerschlagung der Betriebsgruppen‹, und zwar jener aus den kleinbürgerlichen Parteien, die sich für den Sozialismus erklärt und die Führung der Arbeiterklasse anerkannt hat-

ten. Das aber half ihnen gar nichts: sie wurden in den Jahren 1951, 1952 und 1953 eliminiert. Ich muß das etwas genauer erklären: Solche Betriebsgruppen waren nämlich im Grunde nichts anderes als ein Zusammenschluß von Mitgliedern der sogenannten kleinbürgerlichen Parteien, so z. B. im Reichsbahnamt oder im Postamt, die sich alle 6 Wochen mal für eine halbe Stunde getroffen hatten und dabei berieten, wie sie noch besser für die ›sozialistische Zukunft‹ der DDR arbeiten könnten. Diese Organisationen wurden aber nicht etwa durch einen Befehl von oben und mit einem Schlage verboten, sondern in der dort üblichen hinterfotzigen Art, eben auf die Tour, mit der man in der Sowjetzone alles erledigte. Die Gruppen haben z. B. keine Räume mehr bekommen und konnten sich also nicht mehr treffen. Immer mehr Mitglieder der ›kleinbürgerlichen Parteien‹ wurden aus ›strukturellen Gründen‹ entlassen, und da hat sich schließlich keiner mehr getraut, überhaupt irgendwas zu tun, selbst wenn es im Interesse der DDR lag. Sie kuschten, denn es ging ja ums tägliche Brot.

So hatte auch ich keine Möglichkeit mehr, in einem Staatsbetrieb oder einer staatlichen Verwaltungsstelle unterzukommen und saß auf der Straße. Vorsitzender der CDU (Ost) war damals Otto Nuschke, dazu war er noch stellvertretender Ministerpräsident. Sein Spitzname war ›Otto der Geraubte‹. Den verpaßte man ihm, weil er 1953, während des Aufstandes vom 17. Juni, mit einem Auto nach West-Berlin gerutscht war, dort aber erklärte, wahrscheinlich als er sah, wie die Sache ausging, er sei nicht geflohen, er sei geraubt worden, und er wolle wieder zurück ... Das war für die schwachbrüstige Ost-CDU eine wunderbare Sache, denn nun konnten wir mit erhobenem Haupt sagen: Seht mal, was wir für'n treuen, für'n großen Patrioten als Parteiführer haben!

Dieser Nuschke war eigentlich immer ein komischer Mensch gewesen. Der hatte schon 1921 im preußischen Landtag der Unterstützung der Sowjetunion das Wort geredet und sich eben damit bei den Kommunisten in der Zone ein gutes Entree verschafft. In der Weimarer Republik war Nuschke ein führendes Mitglied der Deutschen Demokratischen Partei, die von Friedrich Naumann im November 1918 nach dem Zusammenschluß der ›liberalen Kräfte‹ gegründet worden war. Im Jahre 1930 nannte sie sich in ›Staatspartei‹ um und wurden 1933 von den Nazis aufgelöst. In der Bundesrepublik sind ihre Nachfolger die Freien Demokraten. Leuten wie Nuschke schwebte vor, das nationale Bürgertum mit dem proletarischen Sozialismus zu versöhnen. Und das erklärt auch Nuschkes traurige Rolle im SED-Regime der Zone ... – Ich habe ihn persönlich gekannt und muß ehrlich gestehen, daß ich ihn eigentlich geliebt habe. Dieser Mann ... hatte nämlich etwas Echtes an sich. – Aber was heißt hier echt! Das ist natürlich alles bla, bla ... Die KP-Genossen hielten sich einen solchen Mann wie Nuschke, weil das nach außen hin hübsch aussah ...

Weil ich keine andere Arbeit fand, ging ich dann

hauptamtlich in den CDU-Dienst. Schon im Frühling dieses Jahres hat sich der SSD (Staatssicherheitsdienst) an mich herangemacht. Angefangen hat es folgendermaßen: Eines Tages bekomme ich eine Einladung auf einer vorgedruckten Postkarte, auf der steht: ›Bitte, in das Volkspolizei-Kreisamt, Meldestelle, zwecks einer Korrektur der Karteikarte kommen ...‹ Diese Mitteilung jagte mir keineswegs einen Schreck ein. Ich dachte, so was kann es ja geben, da ist eben Tinte über die Karteikarte geflossen oder irgendwas anderes. Ich war absolut bereit, mich dorthin zu begeben, konnte aber zum gewünschten Zeitpunkt nicht hingehen und rief deshalb die Volkspolizei an. Die Karte trug die Unterschrift ›Geiling‹. ›Bei uns gibt es keinen Herrn Geiling‹, wird mir am Telefon gesagt. Ich wurde mit einer anderen Stelle verbunden, und schließlich teilt man mir mit: ›Herr Geiling ist im Moment nicht da. Rufen Sie doch später nochmal an.‹ Ein paar Stunden später erhalte ich einen Anruf: ›Hier ist Kollege Geiling. Lieber Kollege M., es hat vorhin nicht geklappt, aber nun bin ich wieder da. Wann könnten Sie denn herkommen?‹ Es wurde der Termin ausgemacht, und ich frage ihn, eigentlich gegen alle Regeln im Umgang am Telefon: ›Von wo aus rufen Sie mich denn an?‹ und da antwortet der mir: ›Vom Rathaus.‹

Nun war ich damals ehrenamtlicher Stadtrat und Stadtverordneter der CDU. Da habe ich mir gedacht, wenn ich schon mit dem Rathaus verbunden bin, laß ich mir gleich mal die Zentrale geben und kann dann mit den einzelnen Dienststellen weitertelefonieren und spare dadurch das Geld für ein neues Stadtgespräch. Ich bleibe also dran. Schließlich meldet sich eine weibliche Stimme und fragt: ›Mit wem wollen Sie denn verbunden werden?‹ Ich darauf: ›Wer ist denn da überhaupt?‹ und erhalte die Antwort: ›Hier ist das Ministerium für Staatssicherheit.‹ Zuerst habe ich gedacht, das sind sicher Telefonistinnen vom Rathaus, die mich kennen, weil ich ja täglich mit ihnen telefoniere, und sage deshalb: ›Aber macht doch keinen Quatsch! Ihr seid wohl verrückt geworden!‹ und päng ist das Gespräch weg. Darauf rufe ich das Rathaus an und frage bei der Vermittlung, ob sie gerade mit mir telefoniert hätten. Sie beteuern, daß kein Gespräch stattgefunden habe. Mir ist plötzlich, als ob das Herz aussetzt. Ganz verdattert wende ich mich an meine Sekretärin: ›Oh Gott, es ist was Fürchterliches passiert. Das war eben der STASI!‹ Ich brauche eine Weile, um mich zu beruhigen. Dann diktiere ich einen Brief an den Parteivorsitzenden Nuschke, schildere ihm, was mir gerade passiert ist, daß man mich zum SSD bestellt habe und daß ich nun das Schlimmste befürchte ...

Dann mache ich mich auf den Weg zum Volkspolizeikreisamt, werde aber schon auf der Straße von einem Zivilisten, einem typischen Gorilla, mit Handschlag begrüßt. Der führt mich durch einen Nebeneingang ins Volkspolizeikreisamt. Er zieht seinen Patentausweis, und alle Türen öffnen sich. In einem Zimmer beginnt er mit mir ein freundliches Gespräch. Aber ich bin voller Angst. In einer solchen Situation sagt man sich zwar immer wieder: Was

können die mir? Ich habe doch überhaupt nichts getan! Eigentlich darf der mir doch gar nichts tun! – Aber was, das Ganze ist sicher was völlig Harmloses... Und man ist schon hochbeglückt, wenn sie einem in der ersten Viertelstunde keine in die Fresse gehauen haben, und schließlich zweifelt man nicht mehr daran, daß alles ganz harmlos ist und dieser Mann eigentlich ein Freund. Ich habe lange mit ihm gesprochen. Der hat sogar meine Familienverhältnisse gekannt und wußte auch von meiner Freundin, meiner späteren Frau... Tja, und das Ende vom Lied war: Ich verpflichtete mich schriftlich, zum Mitarbeiter des MfST Kontakt zu halten und ihm auf Wunsch und Anforderung für Berichte zur Verfügung zu stehen. Den Wisch unterschrieb ich mit einem Decknamen, den ich mir ausdenken konnte. Ich hätte Othello heißen können oder King Lear oder sonstwas. Mir fiel ein Name ein, wie wir uns als Kinder beim Räuber- und Gendarm-Spielen immer genannt haben. Mit dem unterschrieb ich. Dabei war mir gar nicht nach Räuber- und Gendarm-Spiel zumute. Ich hatte furchtbare Angst.
Zu Hause erzählte ich alles meiner Freundin – wie herrlich, einen Menschen zu haben, dem man ganz vertrauen konnte –, und wir überlegten: ›Was sollen wir jetzt machen? Hauen wir ab oder hauen wir nicht ab?‹ Tja, und wir sind nicht abgehauen. Wir sagten uns – und so ist der Mensch – : ›Ach, das wird schon nicht so schlimm werden. Was kann da eigentlich bei rauskommen...‹
Nach vier Wochen kamen die ersten ›Kontaktauf-

nahmen‹. Ich wurde nach Leuten gefragt, über die Berichte gemacht werden sollten. Das habe ich dann auch gemacht, und zwar in der üblichen Art, wie ich auch als Parteisekretär Beurteilungen schrieb. Da stand ungefähr folgendes drin: Das Mitglied unserer Partei, z. B. Fritz Scholze, ist seit 19 . . . in der CDU. Er ist ein aufrechter Patriot und liebt seine Heimat. Auch seine Frau ist im DFD etc . . . Im gleichen Stil schrieb ich auch jetzt irgendwelchen Mist. Doch eben das war ganz verkehrt. Ich wurde belehrt, daß man etwas anderes erwartet habe. Ich redete mich heraus: ›Sie müssen wissen, ich bin doch hauptamtlicher Sekretär einer Partei, und wenn einer abhauen will oder wenn er wirklich ein Agent ist, dann wird er doch nicht zu mir kommen und gerade mir das erzählen.‹ So versuchte ich mich durchzulavieren, ohne jemand zu gefährden.
Mit Hängen und Würgen ging das bis zum Frühjahr 1957. Da aber nahm es ein jähes Ende, weil ich mit den Genossen von der SED Krach bekommen hatte wegen der Jugendweihe. Kontakt mit dem Staatssicherheitsdienst hatten natürlich eine Menge Leute. Ich kenne Menschen, die heute dort noch leben und immer noch um Berichte über mich gebeten werden, obgleich ich seit 20 Jahren im Westen bin. Es gab und gibt ein ganzes Netz von solchen ›Berichterstattern‹ in der Sowjetzone ebenso wie im ganzen Sowjetblock. Damals konnte es natürlich nicht ausbleiben, daß die Betroffenen, also die Angeworbenen, sich in ihrer Not ihren Freunden offenbarten und so auch jene, die man aufgefordert hatte, Berichte über

mich zu schreiben. Voller Galgenhumor fanden wir eine scherzhafte Bezeichnung für unseren jeweiligen Partner vom STASI, wir gaben ihm den Namen ›Spekulatius‹, von spekulieren abgeleitet. Ich habe noch gut in Erinnerung, wie mein Freund mich einmal anrief: ›Spekulatius war wieder da! Komm doch bitte mal bei mir vorbei!‹ Ich ging zu ihm und erfuhr in allen Einzelheiten, was Spekulatius über mich wissen wollte, und wir verabredeten miteinander die jeweiligen Antworten.

Man fragt sich nur: Wozu, um alles in der Welt, wurde dieses miese Theater inszeniert? Das war sehr raffiniert ausgedacht, ja, geradezu gerissen und berechnend: das ganze Volk sollte ruhig merken, daß es unter ständiger Kontrolle steht, daß dem ›Großen Bruder‹ auch nichts verborgen bleibt. Und dieser Eindruck ist auch entstanden. Übrigens das ganze Brimborium, daß man um die Sache herum inszenierte, wie man uns z. B. befragte, an welchen geheimnisvollen Orten man die Treffs arrangierte, erinnerte häufig an Nachahmung schlechter Krimis. Das fing an mit Bänken in öffentlichen Parkanlagen, ging über zu öffentlichen Bedürfnisanstalten bis hin zu Umkleidekabinen in Kinos, zu denen wir über Hinterhöfe um Mülltonnen herum kamen und plötzlich vor einer alten, verrosteten Eisentür standen. Und die öffnete sich sogar, ohne zu knarren – muß also vorher geölt worden sein –; dann gehen wir durch einen endlos langen, dunklen Gang, an dessen Ende schließlich ein Licht schimmert. Und wer sitzt dort? Spekulatius. Der hockte nämlich in der Künstlergarderobe des ehemaligen UFA-Kinos. Weitere Treffen fanden in konspirativen Wohnungen statt, in denen irgendwelche Leute ganz regulär hausten. Aber was mögen das für Leute gewesen sein? Alles war von Geheimnis umwittert! Soviel ich weiß, gab es in meiner Vaterstadt allein drei solcher konspirativer Wohnungen, in die man mich bestellte. So z. B. in einer alten Wohnstraße, im II. Stock bei Müller. Da hatte ich um 11 Uhr dreimal kurz zu klingeln. Dann öffnete eine Frau und sagte: ›Ach, guten Tag! Der Herr wartet schon‹, und führte mich durch eine schöne große Wohnung bis zu einem hinteren, hübsch eingerichteten Raum, wo ... Spekulatius bereits saß. Damals gab es in der Sowjetzone zwar keine Länder mehr, aber es gab noch die Länderkammer der DDR. Der Präsident der Länderkammer war zuerst der Ost-CDU-Mann Dr. Lobedanz. Als er starb, wurde sein Nachfolger der ehemalige Chefredakteur der thüringischen CDU-Zeitung »Tagblatt«, August Bach, der spätere CDU-Vorsitzende. Dieser Bach war also, lt. Protokoll, der dritte Mann im Staate. Er fuhr einen SIM und war u. a. Gesprächspartner Malenkows, Bulganins und anderer Sowjetgrößen. Ich traf ihn zufällig im Jahre 1954 in der Parteileitung der CDU und bat ihn um ein Gespräch. Dabei sagte ich ihm ungefähr folgendes: ›Freund Bach, ich muß feststellen, daß bei uns der Staatssicherheitsdienst in zunehmendem Maße mutig wird. Er hat immer mehr Parteifreunde zur Mitarbeit herangezogen, nein, hat sie zur Mitarbeit erpreßt, Leute, die dann vor lauter Angst über die Zonengrenze abhauen. Manche ha-

ben mir das vorher erzählt, und ich bin der Meinung, daß das Ganze unsere Partei kaputtmachen wird. Leute, die gutwillig sind, werden derart verunsichert, daß sie nur noch einen Ausweg wissen: abhauen ... ‹ Ungefähr das sagte ich August Bach. Als Antwort – glaubte ich – würde er mir sagen: ›Lieber Freund M., das Ganze werde ich mal in Berlin beim Parteivorstand zur Sprache bringen.‹ Aber was tat er wirklich? Er wurde wütend, lief rot an und stotterte: ›Wie können Sie denn ausgerechnet mir so was sagen?! Das ist doch 'ne Sache, die Sie auf Kreisebene erledigen müssen!‹ Da war bei mir der Bart ab, und lauter als ich wollte sagte ich ihm: ›Versteh' ich Sie recht? Soll ich nach Ihrer Meinung etwa in die Bezirksbehörde des Staatssicherheitsdienstes gehen? Und soll ich mich dort beschweren, daß die unsere Leute tangieren? Für was halten Sie mich eigentlich! Ich bin doch nicht verrückt geworden! Es gibt nur einen, der so was machen könnte, nämlich Sie, und das bei Walter Ulbricht in Berlin. Dort könnten Sie mal sagen, daß es so nicht weitergeht. Die ruinieren unsere ganze Partei, wo die doch mitmachen will; die ruinieren sie total!‹ – Bach sah aus, als rutschte ihm vor Angst das Herz in die Hose. Nur weil er sich dieses Problem mit anhören mußte, verlor er bereits die Fassung; es verschlug ihm den Atem. Mir auch! ... Und das war nun ein Mitglied unseres Präsidiums und der spätere Parteivorsitzende.
Hoffnung für die Zukunft hatte ich keine mehr. Seltsam ist, daß man sich trotzdem einbildet: wenn *ich* das nicht mehr mache, ich, der ich doch so treu bin

und der es mit allen Leuten so wunderbar versteht, dann macht es vielleicht ein anderer, und der kann es bestimmt nicht so gut wie ich. Seltsam, daß es so einen Rettungsanker immer wieder gab. Das ist tatsächlich das einzige gewesen, was einen dort noch am Leben gehalten hat. Berufliche Aussichten hatte ich nicht – es sei denn, man wäre mit einer kleinen politischen Karriere zufrieden gewesen, etwa nach drei Jahren Stadtrat zu werden, vielleicht auch Bezirksrat, also ein Bonze. Dazu allerdings hätte man seinen Frieden mit der SED machen müssen. Und eben das war der Haken. Wie gut, daß man seine Bauchschmerzen wenigstens zu Hause im Ehebett loswerden konnte. Aber auch das war gefährlich, und man sollte es lieber lassen. Manche haben sich mit den gegebenen Tatsachen abgefunden. Ich aber konnte es nicht. Eben das ist der Grund, weshalb das Ganze so kam und ich schließlich hier im Westen gelandet bin. Doch dazu brauchte ich erst einen Anlaß, einen, der mich zur Opposition, oder besser gesagt, zum Opponieren getrieben hat.

Dazu kam es 1957 im Zusammenhang mit der verstärkten Kampagne der SED für die Jugendweihe. Das konnte ich nicht schlucken; daran habe ich mir die Zähne ausgebissen, und das führte schließlich zu meiner Entlassung. Das hatte folgende Vorgeschichte: Die SED ging seit 1955 daran, die Jugendweihe wieder zu installieren. Meine Auffassung dazu – und das machte ich dem ersten Sekretär der SED unserer Stadt auch deutlich klar – war die: ›Mit euren Genossen könnt ihr natürlich anstellen, was ihr wollt. Aber bei uns, bei der CDU, geht es um Bereiche, die das Religiöse, die den Glaubensbereich tangieren. Darüber könnt ihr nicht einfach so verfügen. Hier handelt es sich doch um Menschen, die keine Mitglieder eurer Partei sind, die Christen sind, die sich zu einer christlichen Partei bekennen.‹

Eine weitere Unterhaltung fand schon im Jahre 1956 statt, und zwar bei einer Einladung durch die SED-Kreisleitung. Da sagte ich den Genossen, nämlich dem 1. und dem 2. Sekretär: ›Liebe Genossen, bei dem Ganzen (der Jugendweihe) kann ich nicht mehr mitmachen, denn das hat eine Substanz, die auf dem Boden des dialektischen und historischen Materialismus fußt, und zu dem bekenne ich mich nicht. Ich kann als Vorsitzender einer Partei, die sich christlich nennt und bei der die Religion eine große Rolle spielt, nicht mitmachen. Da würde ich ja in der demokratischen Öffentlichkeit völlig unglaubwürdig werden!‹

Und dann führten wir noch eine Sachdiskussion, und die habe ich untermauert mit dem Themenplan der Jugendweihe. Ich machte ihnen klar, daß das ganz eindeutige Aussagen sind, eine andere Weltanschauung, und zu der gehört der historische und dialektische Materialismus. Darauf haben sie mich in Ruhe gelassen und haben an den Schulen ein bißchen für die Jugendweihe agitiert. Wirklich schlimm wurde es erst, als im Jahre 1957 Walter Ulbricht in Sonneberg in Thüringen eine scharfe Rede zur Jugenderziehung hielt. Da sagte er: ›Wir wenden uns dagegen, daß die Pfarrer im Konfirmandenunterricht die Kinder den

Glauben an ein höheres Wesen lehren‹. Nach dieser Rede begann eine verstärkte Werbung für die Jugendweihe. Das erfolgte unter Druck durch die Schulen.

Der besondere Pfeffer bei der ganzen Angelegenheit bestand darin, daß die katholische Kirche durch die Auseinandersetzung kaum berührt wurde, weil ja die erste Heilige Kommunion den Kindern bereits mit 9 oder 10 Jahren verabreicht wird und somit keine Divergenzen zur zeitlich gleichlaufenden Konfirmation auftraten. Bei der evangelischen Kirche fiel die Jugendweihe zeitlich zusammen mit der Konfirmation.

In der DDR gab es in der evangelischen Kirche zwei Grundhaltungen. Es gab das sehr streitbare Konsistorium Magdeburg, dessen Standpunkt war: Wer zur Jugendweihe geht, wird nicht konfirmiert. Dann gab es die Thüringische Landeskirche unter Führung des mit dem Vaterländischen Verdienstorden in Gold ausgezeichneten Landesbischofs Dr. Dr. Mitzenheim, der eine etwas tolerantere Meinung vertrat. Die beiden verschiedenen kirchlichen Haltungen gingen quer durch den Kreis; sie entsprachen den alten Kirchengrenzen, die sich durch dieses Gebiet zogen. Daß das damit zusammenhing, haben die Christen kaum verstanden und die kommunistischen Genossen noch viel weniger.

Das Ergebnis: Es gab Polarisierungen, und zwar folgender Art: Durch die Schule wurde mit verstärkter Agitation ein Druck auf die Eltern ausgeübt. Man ließ sie wissen: Wenn dein Kind nicht zur Jugend-

weihe geht, bekommt es keinen Studienplatz und keine Lehrstelle. Man verständigte sogar die Kaderabteilung am Arbeitsplatz des Vaters solcher Kinder und drohte ihm: ›Wir werden mal dem Kaderchef im Rathaus Bescheid sagen, was Sie für einer sind, einer, der sein Kind nicht zur Jugendweihe gehen lassen will . . .‹ Mit solcher Art Erpressung wurde natürlich das Ganze erfolgreich gesteuert. Und die in Angst gejagte christliche Bevölkerung wandte sich an ihre Partei, an die CDU, nämlich an mich, und fragte: ›Was ist denn da, um Gottes willen, eigentlich los? Da muß doch die CDU was dagegen machen, da muß doch geholfen werden!‹
So fühlte ich mich berufen, ein Kämpfer zu werden. Ich begann, mich mit den SED-Genossen regelrecht herumzustreiten, sagte, daß die CDU-Parteileitung der Auseinandersetzung ausgewichen sei und Ähnliches mehr. Das ging so bis zum Frühjahr. Da bekam ich den Auftrag von meiner CDU-Parteileitung, Unterschriften von Lehrern und Erziehern einzuholen unter einen von mir vorgelegten Text, den ich vervielfältigte und dazu auch noch die Listen selbst abzog. Eben das sollte später noch eine Rolle spielen. Der Text lautete: ›Wir Lehrer und Erzieher wenden uns dagegen, daß die Generalsynode der EKD, die zu dieser Zeit in Berlin tagte, sich mit Fragen der Jugenderziehung in der DDR beschäftigt. Das sind Sachen, die allein den Staat der DDR etwas angehen. Der läßt sich die Jugenderziehung nicht wegnehmen. Das geht die Kirche nichts an.‹
Die Kirche mußte sich aber mit solchen Fragen aus-

einandersetzen, denn die Jugenweihe erhitzte heftig die religiösen Gemüter. Ein Teil der Kirche erklärte, sie werde bei einem Kind, das zur Jugendweihe gegangen sei, die Konfirmation nicht durchführen, ebenso keine Trauung und keine Beerdigung. Das war für eine mit der Kirche verbundene Familie eine sehr ernste Sache. Und eben deshalb hatte sich die Kirche damit auseinanderzusetzen, es blieb ihr gar nichts anderes übrig. Dagegen sollte also nun die CDU angehen, und zwar mit einer Unterschriftensammlung bei christlichen Lehrern in der DDR. Mit diesen Unterschriftslisten sollte die Synode überschwemmt werden.

Ich hatte zu dieser Zeit in meinem CDU-Kreisverband ca. 400 bis 500 Mitglieder, die in pädagogischen oder pädagogisch verwandten Berufen tätig waren. Bei der ersten Unterschriftenaktion bekam ich 20 oder 22 Unterschriften. Die habe ich meinem Bezirkssekretär vorgelegt. Der schäumte vor Wut: ›Sind Sie verrückt geworden? Das muß man mit Gewalt machen!‹ – ›Das wird wohl kaum möglich sein‹, meinte ich. ›Das Klima bei unseren Leuten ist so, daß sie es ehrlich nicht wollen. Sie wollen nicht noch ihrer eigenen Kirche, dem einzigen Sprachrohr für sie, in den Rücken fallen.‹ ›Sagen Sie deshalb Ihren Leuten‹, forderte mich der Bezirkssekretär auf, ›wenn sie nicht unterschreiben, werden Sie, Herr M., mit den entsprechenden Kaderleitern über sie sprechen.‹ – ›Herr Bezirkssekretär, Sie glauben doch nicht im Ernst, daß ich morgen zum Schulrat gehe und dem erzähle, was der und der für einer ist?! Nein, so was mache ich nicht mit. Das kommt überhaupt nicht in Frage. Soll ich etwa die Leute um Arbeit und Brot bringen?!‹

Zwei Tage später flog ich raus. Die von mir hergestellten Listen tauchten dann aber doch in den Schulen auf, wurden von den Schulleitern bei den Konferenzen vorgelegt und die Lehrer aufgefordert, sie zu unterschreiben. Einige Lehrer, die mich kannten, erzählten mir später von einem grotesken Vorfall. Ein Lehrer, Mitglied der SED, der noch in der Kirche war, weigerte sich, die Listen zu unterschreiben. Da sagte der Schulleiter zu ihm: ›Aber Mensch, du mußt das doch unterschreiben! Du bist doch Christ!‹ Und er tat es. Und viele andere, die nicht in der SED waren, wurden dadurch ebenfalls zur Unterschrift animiert. So kamen aus meiner Stadt wesentlich mehr als die erwarteten 450 Unterschriften zusammen ...

Arbeit hatte ich zwar keine mehr, aber der SSD hatte mich weiter am Wickel. Ich bekam den Auftrag, nach Westdeutschland zu reisen. Damit hatte es folgende Bewandtnis. Die CDU in meiner Stadt hatte ein Mitglied namens Otto Sch., der aber im Westen, in Marburg, wohnte. Dieser Otto Sch. hatte in Briefen aus dem Westen CDU-Material an unsere CDU-Leute geschickt. Alles, was solcherart aus dem Westen kam, mußte bei der Kaderabteilung abgegeben werden. Und manche unserer Leute waren so dumm, das zu tun.

Otto Sch. machte kurze Zeit danach eine Reise in die DDR. Dort wurde er verhaftet. Der SSD nahm ihm unter anderem auch seinen Schlüsselbund ab.

Mich aber bat man, nach Marburg zu fahren, in seine Wohnung zu gehen und dort nach weiteren Unterlagen zu suchen, solchen, die ›den Bestand der DDR gefährden könnten‹, und sie ›sicherzustellen‹.

Das war eine miese Sache. Ich zerbrach mir den Kopf, was man da tun solle. Sollte ich fahren oder mich weigern? Besser wäre, abzuhauen. Aber wegen unseres kleinen Kindes begannen wir das Ganze zu verharmlosen. Vielleicht ist in Sch.'s Wohnung überhaupt nichts? Der ist doch sowieso ein Dummkopf. Wie konnte er diesen dummen Quatsch überhaupt machen! Der hat sich einfach irgendwo im Westen Broschüren und Drucksachen geholt, sie in 'nen Umschlag gesteckt und hierher geschickt. So einer ist auf keinen Fall ein ›Agentenführer‹ oder ›Spion‹ oder was Ähnliches in der Richtung. Das ist ein Mensch wie du und ich ...

Also beschlossen meine Frau und ich, ich solle fahren. In Marburg angekommen, fand ich in der Wohnung von Sch. einige vorgedruckte, mit Schreibmaschine geschriebene Formulare, die aus den Flüchtlingslagern von Gießen und Berlin stammten. So was bekam dort jeder Flüchtling aus dem Osten. In den westlichen Flüchtlingslagern, das erlebten wir später selber, wurden wir nach Leuten gefragt, die uns dort im Lager als eine Art Referenz angegeben hatten. Von diesen Vordrucken, die ich bei Sch. fand, habe ich drei oder vier mitgenommen. Mit dieser ›Beute‹ kam ich zurück. Die Gesichter der STASI-Leute wurden natürlich sehr lang. Sie hielten Sch. nur noch

ein paar Tage fest und ließen ihn dann wieder nach Hause fahren.
Einige Zeit später aber wurde es ernst. Ich erhielt einen Anruf: ›Bitte, Herr M., kommen Sie doch mal mit Ihrem Ausweis an das Denkmal bei der Kirche. Wir brauchen Sie.‹ Ich lief dorthin. Stieg in einen PKW. Die Fahrt ging nach Heiligenstadt im Eichsfeld, einem Grenzbezirk. Dort landeten wir in der ›Burg‹ des SSD. Sie war umgeben von einem grünen Bretterzaun mit Riegeltoren und Schilderhäuschen. Drin wurden wir von chargierten Offizieren empfangen: ›Vielen Dank, Friedensfreund, daß Sie uns helfen wollen!‹ – Meine erstaunte Frage: ›Tja, was soll ich eigentlich machen?‹ – Und die Antwort: ›Es geht um folgendes: In einem Dorf an der Grenze wohnt das Mitglied Ihrer Partei namens X. Dieser ist ein Agentenschleuser.‹ (Der schleust also angeblich ›Westagenten‹ rüber und nüber.) ›Dem wollen wir jetzt endlich das Handwerk legen.‹
Meine Aufgabe wäre nun gewesen – mit 400 Mark bewaffnet, das war für dortige Verhältnisse viel Geld –, zu dem Mann hinzugehen, sich mit einem Ausweis als hauptamtlicher CDU-Mann auszuweisen und ihm zu erzählen, daß ich in größter Not sei, ihn anzuflehen, mich nach dem Westen zu bringen.
Ich fragte den SSD-Mann: ›Was aber passiert, wenn der das macht?‹ – ›Machen Sie sich keine Sorgen, Ihnen passiert nichts. Sie werden beim Überschreiten der Grenze verhaftet. Für Sie ist das eine Scheinverhaftung, also eine Ehrensache. Der andere wäre dann geliefert . . .‹

Ich bin also hin zu dem. Mit dem PKW hatten sie mich bis kurz vor das Dorf gefahren. In dieser Gegend war so eine Art Hauptquartier des SSD eingerichtet, mit Funkantennen und Sprechgerät und mit Leuten, die in den Feldern verteilt waren. Die hätten uns also garantiert gegriffen, wenn wir im Dunkeln dort rübergegangen wären.
Mir blieb nichts anderes mehr übrig: Ich ging also auf das Haus zu. Als ich durch den Ort komme, sehe ich auch noch eine der Gestalten, die von zu Hause in einem PKW mitgefahren waren. Er linste um eine Ecke, um festzustellen, ob ich auch wirklich zu dem angegebenen Haus gehe. Ich klingelte. Eine Frau öffnete. ›Guten Tag! Ich komme von der CDU. Kann ich mal Ihren Mann sprechen?‹ Nun war mein Auftauchen gar nichts Ungewöhnliches, denn der Mann war ja in der CDU. Dieser Mann, ein Berufsschullehrer, begrüßte mich, und ich fragte ihn: ›Hätten Sie eine Möglichkeit, mich nach dem Westen zu bringen?‹ Da starrte er mich groß an: ›Wer sind Sie denn eigentlich?‹ – ›Aber das spielt doch jetzt gar keine Rolle. Ich bin auch in der CDU und weiß deshalb Ihre Adresse.‹ – ›Von wem denn?‹ – ›Das ist doch ganz unwesentlich. – Also bringen Sie mich rüber oder nicht?‹ Er antwortete: ›Nein.‹
Als ich mich ein bißchen mit ihm beschnuppert hatte – man entwickelt ja in solchen Situationen eine besondere Art von Instinkt – spürt, ob der andere echt ist oder nicht, habe ich ihm gesagt: ›Wissen Sie was, ich würde das an Ihrer Stelle auch nicht machen. Das ist eine ganz gefährliche Sache, für Sie eine geradezu

lebensgefährliche. Also Sie machen es nicht? Auch nicht für Geld?‹ – ›Nein. Aber wie kommen Sie nur darauf?‹ – ›Dann ist ja alles gut. Also Sie bringen niemanden rüber? Zu keiner Zeit und niemals? Na gut, okay. Auf Wiedersehen!‹

Die STASIs haben mich natürlich mit soonen Augen angesehen. Aber was sollte ich tun? Ihnen etwa sagen, was wirklich dahinter steckt? Wußte ich denn, ob der Berufsschullehrer nicht auch einer ist, der mit dem SSD zusammenarbeitet und der mich nur prüfen sollte oder vielleicht auch reinlegen?

Das Furchtbarste ist, daß Sie niemals wissen: Machen die nur ein Examen mit Ihnen, um Sie zu testen, oder stehen Sie schon so auf der Kippe, daß der SSD nur einen Beweis dafür braucht, daß Sie ein falsches Schwein sind? – Deshalb ist allzu rasches Vertrauen eine sehr gewagte Sache.

Ich meldete dem SSD: ›Der hat's nicht gemacht.‹ Sie sind sehr erstaunt: ›Wieso das? Der macht's doch sonst immer!‹ – ›Mein Eindruck ist‹, sagte ich, ›daß Sie wahrscheinlich irgend jemand, der den nicht leiden kann, falsch informiert hat. Der denkt gar nicht daran, Leute rüberzubringen.‹

Wir fahren zurück nach Hause, und damit war die ›Aktion‹ erledigt. Das also nannte der SSD ›Ausspähung nach innen‹...

Für mich war diese ›Aktion‹ der letzte Tropfen. Nun bin ich bereit, ein ›Held‹ zu sein, bin bereit, auf eigene Faust abzuhauen. Meine Frau ist der gleichen Meinung. Ende Juli 1958 flüchteten wir mit unserem Kind über die Zonengrenze.«

## 13. Kapitel

## Meine Mutter und die ersten Briefe von den Kindern

Im Februar erreichte mich ein trauriger Brief meiner Mutter aus Thierstein, in dem sie klagt: »Es ist hier schrecklich kalt. Seit Tagen haben wir schauderhaftes Wetter mit Sturm, Regen und Schnee ... In meinem Zimmer tropft es durch die Decke. Das ganze Schieferdach ist beim Bombardement zu Bruch gegangen, und der Dachboden steht unter Wasser ... Noch immer haben wir keine Fensterscheiben ...«

Das war zu viel! Schwager Bernhard fuhr mit meiner Schwester Trude ins Fichtelgebirge; sie erlösten die Mutter und brachten sie zu mir nach Schwanheim. Sie war hingerissen von dem Maß an Zivilisation, von einer Wohnung mit richtigem Klo ohne Windspülung und dazu noch mit einem strahlenden Badezimmer. Wenn man bedenkt, was diese Mutter, eine besonders zarte Frau, alles an Schrecken durchleben mußte, zwei Weltkriege, Hunger, Bombennächte, Vertreibung, Auseinanderreißen der Familie, das völlig ungewisse Schicksal einiger ihrer Kinder und Enkel, bleibt einem über ihr Maß an Haltung nichts als Bewunderung. Es war deshalb nicht erstaunlich, daß sie, als sich die am Leben Gebliebenen langsam wieder zusammenfanden, zum Mittelpunkt der Familie wurde, so, wie das immer gewesen war. Die über die Welt verstreuten Kinder und Enkelkinder suchten nach ihr und fanden sie schließlich. Die erste, die es schaffte, war meine Schwester Babette. Von Mexico, ihrem Emigrationsland, aus hatte sie sich durch Monate bemüht, die Adresse der Mutter ausfindig zu machen und Menschen zu finden, die einen Brief in das hermetisch abgeschlossene Deutschland beförderten.

Vor mir liegen die ersten dieser Briefe aus Coyoacan vom Februar 1946. Als sie damals kamen, war meine Mutter außer sich vor Glück. Kurz darauf folgten die ersten Nachrichten von ihrem Liebling, dem Enkel Peter, dem Sohn von Babette, der in einem englischen Internat sein Abitur schon hinter sich hatte und bereits unterrichtete. Da er von seiner Mutter aus Mexico wußte, daß ich am Leben geblieben sei, verlangte er dringlich einen Bericht über die KZ-Erlebnisse. Unter dem Titel »Meine letzten sieben Jahre« schickte ich ihm das Gewünschte. Sein Leben in Yorkshire war offensichtlich so friedlich verlaufen, so unberührt vom stürmischen Geschehen in Zentraleuropa, daß er in tiefster Erschütterung über meine eher zurückhaltende Schilderung sofort nach einer Möglichkeit suchte, »Die letzten sieben Jahre« zu veröffentlichen. So wurde ich das erstemal gedruckt, und zwar in den »Deutschen Blättern« in Chile, einer Zeitschrift, die die beiden Emigranten Albert Theile und Udo Ruckser herausgaben. Ich war ziemlich stolz.

Und endlich meldeten sich auch meine Kinder aus Jerusalem. Zuerst kam ein Telegramm nach Thierstein. Das Rote Kreuz hatte also funktioniert. Und bald darauf folgte auch ein Brief. Beide Töchter waren schon selbständige, berufstätige Menschen. Barbara, die älteste, arbeitete als Zeichenlehrerin. Judith studierte seit vier Jahren Soziologie und Geschichte.
Um die Freude noch zu erhöhen, erfolgte die Erlaubnis der Besatzungsbehörde, Briefe ins Ausland schreiben und auch von dort empfangen zu dürfen. Im Überschwang schrieb ich an alle, deren Adresse ich besaß, an Babette in Coyoacan, nach Jerusalem, nach England, an meine KZ-Freundinnen, an Lille nach Oslo, Anička nach Prag, Anise in Paris. Mit diesen Briefen war mir, als hätten sich die hermetisch geschlossenen Grenzen geöffnet.

*

Lotte Henschel hatte ihr Wort gehalten. Zu Ostern kam sie zu Besuch nach Schwanheim. Sie überquerte die »grüne Grenze«, ein nicht ganz ungefährliches Unterfangen.
Ich konnte es kaum fassen, wie sehr sie sich seit Ravensbrück verändert hatte. Sogar in den Bewegungen. Und dazu auch noch ihr Kostüm!
Wie gut ihr dagegen das Häftlingskleid gestanden hatte! Aber auch die Ravensbrücker Magerkeit, die sie immer aussehen ließ, als sei sie noch ein Backfisch. Damals ging sie nie ruhigen Schrittes, sondern hopste immer. – Aber nun war sie behäbig und gesetzt. Nach ihrem Brief, in dem sie die Zwangsverei-

nigung von SPD und KPD so gerührt begrüßt hatte, war das, was sie mir nun mit leichtem Hohn in der Stimme von ihren Kenntnissen aus der Parteischule berichtete, überhaupt nicht mehr zu begreifen. Ich zwang mich, den Mund zu halten und dachte mir, jedes Wort ist sowieso sinnlos. Und wozu soll ich sie denn erneut in Zweifel und Konflikte stürzen und sie dadurch nur unglücklich machen? Offenbar gefällt ihr doch die Parteikarriere, dieser ganze neue Kram. Wie sehr sich der Mensch irren kann! Es war ganz anders mit Lotte! Ich blieb schließlich als die Beschämte zurück.

Bald nach der Heimkehr aus Ravensbrück, erzählte mir Lotte, habe sie sich verliebt. Und da wünschte sie so zu sein, wie es ihm gefiel. Sie wurde Mitglied der Kommunistischen Partei. – Tja, dachte ich mir, so was soll schon häufiger vorgekommen sein. Welches Ansinnen sie aber nun an mich stellte, überstieg mein Fassungsvermögen: Sie bat mich, ihr während ihres Aufenthaltes in Schwanheim alle die Argumente zu liefern, mit denen sie in ihm, dem Geliebten, Zweifel erzeugen könne an der Richtigkeit der kommunistischen Theorie und Praxis. Über die kommunistische Praxis sollte ich ihr nun meine Erlebnisse aus dem sowjetischen Alltag, den Gefängnissen und dem Lager Karaganda sowie alles über die Auslieferung durch das NKWD an die Gestapo aufschreiben.

Ich weigerte mich mit Nachdruck und beschwor sie, diesen Quatsch zu lassen. »Wehe, wenn du es wagst, irgend etwas Geschriebenes mit über die Zonengrenze zu nehmen. Sie werden dich erwischen, und

du kommst wieder ins Kittchen. Neun Jahre haben dir wohl noch nicht gelangt? Du dumme Gans!« – Sie legte den Kopf auf den Tisch und schluchzte. Das war zuviel, und ich versprach, ihr aufzuschreiben, was sie sich wünschte. Und so geschah es.
Anstatt den Vorfrühling im lieblichen Frankfurter Stadtwald zu genießen, statt uns des wiedergeschenkten Lebens zu freuen, saßen wir beide wie verbiestert und schrieben, schrieben und schrieben ... Ich tat es, weil sie sich Wunderdinge davon erwartete, ich aber zweifelte heftig daran, daß es gelingen würde, einen Kommunisten mit dem, was ein anderer ehemaliger Kommunist im »Paradies der Arbeiterklasse« an Entsetzlichem erlebt hatte, in seinem politischen Glauben zu erschüttern.
Lotte fuhr getröstet und voll der besten Absichten in ihre ostzonale Heimat zurück. Sie kam heil zu Hause an.

*

Auf dem langen Weg von Mecklenburg nach Oberfranken wurde ich mit der einen Seite der deutschen Tragödie zur Genüge konfrontiert, mit den zerbombten Dörfern, zerstörten Orten und den in Schutt und Asche liegenden Großstädten. Beim Anblick der ersten zerbombten Stadt, es war Hannover, packte mich atemberaubendes Entsetzen. Ich dachte nur: Sodom und Gomorrha ... Leere Fensterhöhlen und ins Nichts ragende Mauern wurden langsam eine Selbstverständlichkeit. Während der sieben Monate nach der Befreiung, der Zeit, bevor ich nach Frank-

furt kam, waren mir so nach und nach Ruinen etwas Vertrautes geworden. Manchen gewann ich sogar einige Reize ab, aber *ein* Ruinenfeld konnte ich nie ohne Schmerz betrachten. Sein Anblick zog mir jedesmal das Herz zusammen.
Das war das Zentrum von Frankfurt, dort, wo in der Mitte aus dem Ruinengebirge der große, majestätische Dom aufragte, wie eine Anklage, wie eine Mahnung oder vielleicht auch wie eine Frage: Erinnert ihr euch noch an die einmalige Schönheit dieser Altstadt, an dieses zauberhafte Stück Mittelalter?
Im November 1945 sah ich das zerstörte Zentrum Frankfurts zum erstenmal. Etwas später führten zu meinem Erstaunen über die Ruinenhügel bereits schmale, sich schlängelnde Pfade, und gar nicht lange danach hatte ausgerechnet das »älteste weibliche Gewerbe« dort Fuß gefaßt. Sie gruben sich durch den Trümmerschutt bis hin zu den unzerstörten Kellern der alten Häuser und richteten dort ihre Absteigequartiere ein. Am Ende dieser Hohlwege standen die Frauen, umgeben von Dreck und Zerstörung, zeigten ihre weiblichen Reize und lockten Kunden an. Makabreres konnte es wohl kaum noch geben. Aber es enthielt auch etwas Tröstliches: es gibt nichts Lebensfähigeres als den Menschen ...

*

Bei den Einladungen in die Gräger-Sekt-Villa hatte ich Frau B. kennengelernt. Sie gefiel mir. Sie gehörte noch aus den Zeiten der Weimarer Republik zur SPD und hatte, schon bevor ihre Partei wieder offiziell gegründet worden war, in einem Frankfurter Bezirk ehemalige SPD-Frauen zu einer Veranstaltung zusammengerufen. Mich, eine Außenstehende, lud sie als Gast ein, damit ich mir das Ganze einmal ansähe. Noch bevor die Versammlung eröffnet wurde, kam es zu einem Zwischenfall. Eine der Teilnehmerinnen, nämlich jene Käte M., die ehemalige Ravensbrückerin, die mich im November 1945, am Tage meiner Ankunft in Frankfurt, zu sich eingeladen hatte, entfesselte einen Krach. Sie verlangte, ich solle sofort aus dem Saal geworfen werden. Als die Versammlungsleiterin sich weigerte, sammelte sie eine Fronde von wild gestikulierenden Frauen um sich, so daß Frau B., um einen Skandal zu verhindern, zu mir kam und mich inständig bat, den Saal zu verlassen. Was da gegen mich vorliegen sollte – oder wirklich vorlag – ich nahm an, Käthe M. habe wahrscheinlich behauptet, ich sei eine Kommunistin –, erfuhr ich erst 33 Jahre später, nämlich beim Schreiben dieses Buches. Ich forschte nach, ob Frau B. noch in Frankfurt wohne, fand ihre Telefonnummer, rief an, begrüßte sie und erzählte ihr, ich sei beim Schreiben des dritten Bandes meiner Memoiren gerade bei jener Frauenversammlung angekommen, aus der sie mich hatte rauswerfen müssen. »Können Sie sich noch daran erinnern?« Frau B. hatte es nicht vergessen. Dann fragte ich sie: »Was hat denn Frau Käte M. damals Entsetzliches behauptet, das diesen Sturm auslöste und Sie zwang, mich aus dem Saal zu werfen?« – »Frau M. sagte«, teilte mir Frau B. mit, »Sie seien im KZ Ravensbrück ein Capo gewesen . . .«

Gut, daß ich es damals nicht erfuhr, sonst hätte ich ihr bestimmt eine Ohrfeige heruntergehauen. Was aber mochte diese Frau zu einer solchen Verleumdung veranlaßt haben? Konnte sie es nicht verwinden, daß ich mich auf ihre Werbung hin geweigert hatte, in die SPD einzutreten? Sollte sie gemerkt haben, wie widerlich mir ihre Kumpane waren? Oder steckten hinter dem Ganzen etwa die Kommunisten von der Betreuungsstelle?
Obgleich ich damals diesen Vorfall nicht sehr ernst nahm, machte er mir doch eine Weile zu schaffen und trieb mich in eine Art Depression. Ich hielt jeden Versuch zu irgendeiner politischen Tätigkeit für sinnlos; zugleich aber empfand ich das als feiges Ausweichen; denn man war doch, nach allem, was hinter einem lag, verpflichtet, sich zu betätigen.
Als mich einige Zeit später Arno Behrisch, den ich ebenfalls in Hochheim kennengelernt hatte, zu einem Vortrag nach Hof in Bayern einlud, war ich sehr bereit, die Reise dorthin anzutreten. Was sich aber dann um diese Einladung herum ereignete, war auch nicht gerade ermutigend. Der Gastgeber bat mich nämlich, nur über das Nazi-Konzentrationslager Ravensbrück zu sprechen, die Erlebnisse in Sowjetrußland hingegen aus meinem Vortrag auszuklammern. Auf meine gereizte Frage hin, was er denn für Gründe zu einer solchen Zensur habe, meinte Behrisch, daß ein Vortrag über meine Erfahrungen in Sowjetrußland zu Mißverständnissen führen könnte, da die Leute noch nicht reif genug seien, das zu verstehen, was dort geschah.

Schließlich kam ein Kompromiß zustande: Ich hielt zwar den unzensurierten Vortrag, jedoch in einer geschlossenen Veranstaltung. Was Behrisch dazu veranlaßte, blieb mir lange ein Rätsel. Zuerst glaubte ich, er habe Angst gehabt vor kommunistischen Störtrupps. Doch viel wahrscheinlicher ist, daß er schon damals, also im Jahre 1946, nicht ertragen konnte, daß jemand wie ich, den man nicht als Nazi oder Konterrevolutionär und somit als Lügner abqualifizieren konnte, berichten würde, was er in der UdSSR erlebte, ein Bild geben würde über die blutigen Säuberungen, die Schauprozesse und die mörderischen Zustände in den sowjetischen Gefängnissen und Konzentrationslagern.
Über ein Jahrzehnt später verließ Arno Behrisch die SPD und wechselte zur »Deutschen Friedensunion« über, zur Nachfolgeorganisation der verbotenen KPD.
Den Einwohnern von Schwanheim ging es besser, als den Menschen in den Städten, denn hier besaßen die Familien sehr häufig etwas Land oder zumindest einen Garten. Sie waren Ackerbürger. Und das war zu jener Zeit lebenerhaltend. Nahe bei Schwanheim liegen die großen Betriebe des IG-Farben-Konzerns, in denen viele Menschen aus den umliegenden Orten gearbeitet hatten. Nun standen die Betriebe still, und es gab viele Arbeitslose. Das drückte die Stimmung. Mit den Behörden Schwanheims kam ich auf eine seltsame Weise in Berührung, nämlich durch die Entnazifizierung. Jeder Bürger hatte den langen Fragebogen in Druckbuchstaben auszufüllen. Nach

meinen Erfahrungen mit dem ersten Fragebogen in Thierstein war ich bereits ein Fachmann. Mit dem Vermerk »Nicht betroffen« erfolgte meine Entnazifizierung. Unter den ehemaligen KZlern löste diese Aktion der Amerikaner heftige Erregung und Empörung aus. Ich aber dachte mir: nitschewo...

Was es an bitterer Not in den westlichen Besatzungszonen gab – der Zustand in der Sowjetzone war um vieles schlimmer –, betraf die Mehrheit der Bevölkerung, aber in ganz besonderer Weise die Millionen Flüchtlinge. Obgleich man das Jahr 1945 als das Jahr des Chaos zu bezeichnen pflegt, vegetierten auch 1946 jene, die alles verloren hatten, die weder ein Gärtchen besaßen noch irgendwelche Wertgegenstände, die sie auf dem Schwarzen Markt hätten verschachern können, sondern die nur auf die Marken angewiesen waren, am Rande des Verhungerns.

Den ehemaligen KZlern ging es besser, sie erhielten doppelte Brotration und dazu noch über die Betreuungsstellen Spenden aus dem Ausland. Außerdem hatten sie – jedenfalls mußte ich das bei mir feststellen – eine wunderbare Schulung hinter sich: Ihr Nahrungsbedarf war wesentlich geringer als der der Normalverbraucher. Als dann von meiner Schwester und dem Neffen auch noch Pakete kamen, konnte von Not keine Rede mehr sein.

Um so unverständlicher ist mir bis heute, weshalb ich damals – im Jahre 1946 –, nun in der Freiheit lebend, mit der Mutter zusammen, mit guten Nachrichten von den Kindern, den Geschwistern, den Freunden und Verwandten, weshalb ich damals so traurig war.

Traurig ist vielleicht nicht das richtige Wort. Mein Leben hatte seinen Sinn verloren, vielleicht deshalb, weil es keine große Aufgabe mehr gab. Außerdem fehlte diesem Leben die Spannung.

Das Lebenerhaltende sowohl im KZ wie später auf der Landstraße bei der Suche nach der Mutter, war – so seltsam es klingen mag –: im Lager Ravensbrück die nie erlahmende Hoffnung auf Freiheit, die den Häftling in Spannung hielt, solange er noch Kraft dazu hatte. Und nach der Befreiung war es die tägliche Herausforderung, die das Vagabundenleben auf der Landstraße für uns Geschwächte bedeutete, und die ständige Anstrengung, ja Besessenheit, das gesteckte Ziel zu erreichen.

Und nun gab es da kein neues Ziel. Nicht einmal Arbeit, die einen erfüllt hätte. Die Betreuungsstelle für ehemalige KZler fungierte ja zugleich als unsere Arbeitsvermittlung, und die dort Tätigen waren meine erbitterten politischen Feinde, waren Kommunisten, und so gab es für mich keine Aussicht auf einen Arbeitsplatz.

Wie gut ging es dagegen meiner Mutter, wie segensreich war es, alt zu sein. Sie freute sich jeden Tag von neuem über die schöne Umgebung Schwanheims. Der kleine Ort grenzt an den ausgedehnten Frankfurter Stadtwald. Meine Mutter ging täglich dort spazieren und erzählte heimkommend, wieviele Rehe sie unterwegs gesehen habe.

## 14. Kapitel

# Auf dem Wege in ein anderes Land

Mit einem Brief vom Internationalen Roten Kreuz nahm mein Leben eine jähe Wendung. Ich wurde aufgefordert, mit der Einladung des IRRC möglichst bald nach Weinheim an der Bergstraße zu kommen. Es überfiel mich eine freudige Unruhe, die sich, als man mir in Weinheim mitteilte, ich werde in Kürze das Exit Permit zur Ausreise aus Deutschland erhalten, zu hektischem Reisefieber steigerte und sogar meine Mutter infizierte. Wir redeten nur noch über Schweden, das wir beide nicht kannten.
In Weinheim hatte man mir auch noch mitgeteilt, daß die Reise von Lübeck aus per Schiff nach Schweden ginge. Beinahe aber wäre alles schiefgegangen. Das Rote Kreuz bat mich – nun aber in höchster Eile – um ein Foto für das Exit Permit. Eben das wurde zum Problem, denn woher sollte ich ein Foto haben? Und in Frankfurt war für mich kein Fotohändler zu finden, der noch Fotomaterial besaß.
Auf diese Mitteilung hin meinten die liebenswürdigen Mitarbeiter des Internationalen Roten Kreuzes: »Machen Sie sich keine Sorge, das geht auch ohne Foto.« Sie schickten mir umgehend das Exit Permit und beschworen mich, spätestens am 20. September 1946 die Fahrt nach Lübeck anzutreten.

Ein alter, vergammelter, stinkender Personenzug, vollgestopft mit gereizten Menschen, sollte mich nach Hamburg bringen. Gedrängel und Gefluche; das alles konnte mir nichts anhaben. Auch auf einem Koffer kann man sitzen und erst recht, wenn es nach Schweden geht. Aus der Unterhaltung der nervösen Mitreisenden entnahm ich, daß die meisten von ihnen auf Hamsterreise waren.
Auf jeder Station entbrannte ein Kampf um die Sitzplätze. Die Fahrt nach Hamburg dauerte ewig. Meine freudige Erregung klang langsam ab.
In Hamburg gab es Schwierigkeiten mit dem Anschlußzug nach Lübeck. Ich strebte dem Wartesaal zu. Machte aber gleich wieder kehrt. Auf Stühlen, am Fußboden, überall, wo sich noch einer hineinklemmen konnte, saßen, kauerten, hockten Menschen. Frauen mit Kindern und Männern. Flüchtlinge. Das Ganze war zum Erbarmen. So also ging es nun seit fast zwei Jahren zu, und das ohne Unterbrechung. – Gerade las ich, es seien mehr als 12 Millionen Flüchtlinge gewesen. Welch eine Barbarei!
Ich erreichte Lübeck, fragte mich nach dem Schwedischen Konsulat durch und suchte das Schild, um mich zu vergewissern, daß es auch das richtige Haus sei. Und dabei entdeckte ich gleich zwei Schilder. Hier allerdings beginne ich jetzt, nach 30 Jahren, an meinem Gedächtnis zu zweifeln. Hatte wirklich auf dem einen dieser Schilder gestanden: »In diesem Haus trafen sich am soundsovielten im Jahre 1945 der schwedische Graf Folke Bernadotte und Reichsführer Heinrich Himmler«? Ich bin deshalb voller

Zweifel, weil alle meine Nachforschungen, ob es dieses Schild wirklich gegeben bzw. diese Begegnung stattgefunden habe, bisher ohne Ergebnis blieben. Tatsache aber ist, daß es in vielen Lagern 1945 noch vor Kriegsschluß, und so auch im KZ Ravensbrück, zu einer Entlassungsaktion kam. Kurz vor Torschluß wurden, und das zum größten Erstaunen der Häftlinge, zuerst 300 Französinnen abgeholt, dann alle Norwegerinnen, etwas später auch noch 300 Polinnen und dann ganz zum Schluß, nämlich am 21. April 1945, 60 »alte Gesinnungstäter«, deutsche und tschechische Politische, die sehr lange Haftstrafen hinter sich hatten. Mit der letzten Gruppe kam auch ich in die Freiheit. Wir ahnten damals nicht, wem wir unsere Errettung zu verdanken hatten. Erst viel später hörte ich, es sei Graf Bernadotte gewesen. Aber wie war es dazu gekommen? Angeblich soll Himmler versucht haben, sich beim Grafen Bernadotte rückzuversichern für den Fall der Niederlage Deutschlands. Bernadotte habe ihm seine Hilfe zugesagt, aber als Gegenleistung die sofortige Freilassung Tausender Häftlinge verlangt, doch nicht nur aus den Frauenlagern, sondern auch aus den Männer-KZs.
Diese Häftlinge wurden in Autobussen des Schwedischen Roten Kreuzes aus den Lagern geholt und teilweise nach Schweden gebracht. Andere, so wie die Franzosen, wurden gleich in ihre Heimatländer transportiert.
Beim Betreten des Konsulatsgebäudes überfiel mich plötzlich eine qualvolle Unsicherheit. Eigentlich bin

ich ein schüchterner Mensch und habe diese Schwäche erst während der Gefängnis- und Lagerzeit überwunden, wobei sicher der Kampf ums Überleben eine Rolle spielte. Weshalb das Gefühl mich aber gerade jetzt von neuem überfiel, wodurch es ausgelöst wurde, sollte mir erst später klar werden.
Ein Zivilist empfing mich, und ich überreichte ihm meine Papiere. Als er feststellte, es handle sich bei mir um einen ehemaligen KZler, wurde ich nicht wie die übrigen Mitreisenden in einer dicht beim Konsulat befindlichen Baracke untergebracht, sondern in ein schönes Haus geleitet, das, wie man mir sagte, für die Unterbringung ehemaliger KZler beschlagnahmt worden war.
Der Begleiter ließ mich noch wissen, daß ich pünktlich um 8 Uhr am nächsten Morgen am Konsulat sein müsse. Dort warte der Bus, der uns zum Hafen bringen werde.
Das einstöckige Haus, eine gemütlich eingerichtete Villa, wirkte wie ausgestorben. Eine Haushälterin hatte mir mein Zimmer im I. Stock gezeigt, war dann verschwunden und ich mir selbst überlassen.
Ich lief die Treppe hinunter auf der Suche nach anderen Bewohnern des Hauses. Zwei saßen wie verloren an einem großen Tisch in einer Art Halle mit Oberlicht. Sie standen auf, begrüßten mich und stellten die Standardfrage: »Kommen Sie auch aus dem KZ?« – »Ja, und Sie?« »Wir auch.« Damit war der Bann gebrochen. Doch das Aussehen der beiden Männer beunruhigte mich. Sie hatten noch den typischen Gefängnisblick. Außerdem, überlegte ich mir, weshalb

sind sie seit anderthalb Jahren in diesem Haus? Befreit wurden wir doch alle im Jahre 1945!
So fragte ich sie dann. Und ich erhielt zur Antwort: »Wir kommen aus einem KZ in Norwegen. Die SS hatte Tausende Männerhäftlinge nach Nordnorwegen transportiert zum Straßenbau, und diese Lager waren bessere Todeskommandos. Beim Ende des Krieges verschwand die Lagerobrigkeit, auch die übrige SS, und wir waren frei. Die Norweger haben uns Wracks sehr anständig behandelt. Sie nahmen uns auf, gaben uns zu essen. Durch ihre eigenen KZler, die man nach Deutschland geschleppt hatte, wußten sie Bescheid über das Ganze.
In dieser guten, glücklichen Zeit verliebte ich mich in ein norwegisches Mädchen. Sie heißt Björk und ist wunderbar. Doch irgendwann nahm alles ein Ende. Es kam eine Verfügung der norwegischen Regierung, daß alle Deutschen, ganz gleich, ob sie für oder gegen Hitler gewesen seien, das Land zu verlassen hätten.
Beim Abschied habe ich Björk geschworen, sie immer zu lieben, auf sie zu warten und ihr bis zum Wiedersehen viele Briefe zu schreiben. Aber das mit den Briefen ist unmöglich. Es gibt keinen Postverkehr zwischen der englischen Besatzungszone und Norwegen. Björk wird denken, ich hätte sie längst vergessen ...«
Natürlich wollten die beiden nun auch wissen, was ich in diesem Haus zu suchen hätte. Ich erzählte es ihnen. Als der Verliebte hörte, ich sei auf dem Wege nach Schweden, war kein Halten mehr. »Bitte! Bitte!

Nehmen Sie einen Brief an Björk mit! Und werfen Sie ihn in Schweden in den Kasten! Ich flehe Sie an, tun Sie mir das zuliebe!«
Das war ja wohl eine schlichte Selbstverständlichkeit. Er verschwand. Als er mit dem Brief in der Hand zurückkam, war er ein verwandeltes Wesen. Er gab mir Verhaltensregeln über den Transport des Briefes. Beim Grenzübergang dürfte ich ihn nicht in der Handtasche tragen, sondern müßte ihn am Körper versteckt halten. Der Brave hatte keine Ahnung, daß er in mir einen alten Illegalisten vor sich hatte, der mit falschen Pässen und Geheimpapieren am Körper versteckt sich über manche Grenze bewegt hatte.

Vor lauter Aufregung, weil ja nun der Aufbruch ins fremde Land direkt bevorstand, wäre ich am nächsten Morgen beinahe zu spät vorm Schwedischen Konsulat erschienen. Der Bus war schon besetzt bis auf den letzten Platz, es gab nur noch einen Klappsitz vorn beim Chauffeur. Ohne mir dabei etwas zu denken, ließ ich mich auf ihm nieder und sah mir die übrigen Mitreisenden an. Eine seltsame Mischung! Mehr Frauen als Männer. Auch Kinder waren dabei. – Aber nach KZ sah keiner von denen aus. Diesen Gesichtern fehlte die Hoffnungslosigkeit im Blick. Eine Frau in der Uniform des Schwedischen Roten Kreuzes bestieg den Bus, wandte sich zu mir und fauchte mich an: »Stehen Sie sofort auf! Das ist mein Platz!« Ich sprang hoch, nahm automatisch Haltung an und murmelte irgendwas wie »Entschuldigen Sie,

ich habe es nicht gewußt.« Da erhob sich ein langaufgeschossener junger Mann, kam von seinem Platz und sagte in norddeutschem Tonfall: »Bitte, setzen Sie sich hier hin. Ich kann stehen!« Ich bedankte mich.
Der Bus fuhr an. Die Erwartung ließ mich die eben erlebte Kränkung sofort vergessen. Nein, es war nicht die Kränkung, die mir den Atem verschlagen hatte, es war die schauerliche Erkenntnis, die ich immer von neuem machen mußte: Gib einem Menschen, ganz gleich ob Mann oder Frau, die Möglichkeit, über andere bestimmen, anderen befehlen zu können, und ein großer Teil von ihnen wird in Kürze seinen ursprünglichen Charakter verändern, wird sich mehr und mehr in Machtbesessenheit hineinsteigern, und wenn das in diktatorischen Regimen stattfindet, auch bald vor Mord nicht mehr zurückschrecken . . .

## 15. Kapitel

# Mit der »Kastelholm« nach Schweden

Vor riesigen Wülsten von Stacheldraht stoppte unser Bus. Er wurde durchgelassen, und wir fuhren in großem, schönem Schwung an die Pier heran, wo ein stattliches, ein weißes, schönes Schiff lag, das den Namen »Kastelholm« trug. Seine Weiße nahm mich ganz besonders gefangen. Man öffnete die Türen des Busses, die Leute drängten sich hinaus, und ich blieb allein zurück, ohne zu wissen weshalb. Als letzte erhielt ich meinen eher bescheidenen Koffer und beobachtete, wie die anderen die Gangway hinaufkletterten, wo oben auf dem Deck des Schiffes ein Tisch stand, an dem zwei Uniformierte saßen: ein Engländer und ein Schwede. Sie kontrollierten die Papiere...

Welches der Grund war für mein närrisches Verhalten, versuchte ich erst später zu enträtseln. Meine Beine weigerten sich zu laufen. Es ergriff mich dieselbe Erregung, wie ich sie bei Grenzübergängen mit falschem Paß erlebt hatte. Dieses: Es ist ja sowieso alles hoffnungslos. Ohne ein Foto im Exit Permit lassen sie mich niemals auf dieses schöne weiße Schiff...

Schon hatte der letzte vor mir die Gangway passiert.

Da beugte sich derselbe langaufgeschossene junge Mann über die Reling und rief: »Soll ich Ihnen helfen? Ist Ihnen der Koffer zu schwer?« Ich gab kein Zeichen des Einverständnisses. Er aber kam in großen Sprüngen die Gangway heruntergerannt, ergriff den Koffer, und als der sich vorwärtsbewegte, lief ich hinterher.
Der Engländer und der Schwede waren an meinen Papieren total desinteressiert. Sie drückten irgendeinen Stempel hinein und fertig war die Sache. – Ganz ermattet suchte ich nach dem Retter. Da stand er auf Deck neben dem Koffer und wartete. Ich dankte ihm überschwenglich. Es war ja nicht nur wegen des Koffers, er hatte den Bann gebrochen. Der junge Mann blickte leicht verstört durch seine ungeputzten Brillengläser und dachte wahrscheinlich, diese Alte hat wohl einen Klaps.
Weitere Überlegungen wurden vom herbeieilenden Steward unterbrochen, der den Koffer ergriff, mich aufforderte, ihm zu folgen und mir den Platz in einer Kajüte zuwies. Ich teilte sie mit einer alten, hochgewachsenen, mageren Schwedin und einer jungen, schüchternen, schweigsamen Baltin. Wir begrüßten uns. Ich nahm nach alter KZ-Gewohnheit das obere Bett, das die beiden anderen nicht wollten, legte den Koffer in das Netz und strebte schnell dem Deck zu.
Es ist ein so großes Erlebnis, wenn Schiffe sich in Bewegung setzen. Noch war die »Kastelholm«, das Schiff des Schwedischen Roten Kreuzes, im Hafen am Ufer der Trave vertäut. Von dort aus würde sie traveabwärts ins Meer geschleppt werden. Ich stand

an der Reling und blickte auf das Chaos an beiden Ufern. Da hatten die Bomben ganze Arbeit geleistet. Es war kein Stein mehr auf dem anderen. Zerknäultes Eisengestänge reckte sich gen Himmel. Von ehemaligen Fabrikhallen waren nur noch Ziegelsteinhaufen übriggeblieben. Kräne lagen kopfüber im Dreck, und das Ganze war eingehüllt in rostroten Staub. Nirgendwo konnte man ein Zeichen von Leben oder etwa gar von Tätigkeit entdecken. Alles war tot. Etwas in mir dachte: Und jetzt sollst du in ein Land kommen, wo es dieses Grauen nicht gibt?

Da schlug man irgendwo einen Gong an, ein liebliches Geräusch, und alle liefen in einer Richtung. Ich aber rannte in die Kajüte zurück, um das vergessene Taschentuch zu holen; kam so ein wenig zu spät in den Speisesaal. Als ich mich platzsuchend umblickte, erhob sich im Hintergrund der nun schon bekannte hochgewachsene junge Mann mit der Brille, winkte mir von weitem und zeigte auf einen leeren Stuhl. Drei junge Männer sprangen auf, machten einen Diener und murmelten irgendeinen Namen. Alle drei waren Deutsche.

Wir setzten uns. Ich fragte neugierig, ob sie wüßten, was für Passagiere auf diesem Schiff seien und erfuhr, daß es repatriierte Schweden und eine Anzahl Flüchtlinge aus den Baltischen Staaten seien, die man nun mit dem Ausdruck »displaced persons« bedacht hatte.

»Und wie kommen Sie auf dieses Schiff«, fragte ich die drei jungen Deutschen. »Wir wurden bei einer Tagung in Bad Pyrmont von den schwedischen Quä-

kern nach Wigbyholm in eine Schule eingeladen.«
Nun war ich an der Reihe. Einer der drei, wie sich später herausstellte ein Arzt von Beruf, wollte wissen, wieso ich nach Schweden fahre. Ich nannte ihm die einladende Organisation und sagte ihm, daß mein Aufenthalt in Schweden als Erholung nach jahrelangem KZ-Aufenthalt gedacht sei. Bei den begierigen Fragen, die dieser Mitteilung folgten, konnte es nicht ausbleiben, daß auch meine Verhaftung in Sowjetrußland erwähnt wurde. Und damit nahm die schöne Harmonie am Tisch der vier Deutschen ein jähes Ende. Der junge Arzt landete die mir nun schon ach so bekannte vorwurfsvolle Frage: »Sie wollen doch nicht etwa behaupten, daß man in Sowjetrußland unschuldige Menschen verhaftet?!« Tja, ich behauptete es und baute das Thema noch entsprechend aus. Von den dreien wurden zwei, der schon erwähnte Mediziner und ein Medizinstudent, von dieser Stunde ab meine erbitterten Feinde. Der höfliche Journalist und Dichter im Nebenberuf hielt meine Darstellung für glaubwürdig . . .
Mich aber packte ein Ekel vor einem solchen Ausmaß an politischer Dummheit. Dabei hatten sie in der Nazipresse vieles von dem gelesen, was ich ihnen gerade berichtete. Aber *das* mußten nun Lügen sein, denn wo kämen sie denn hin, wenn es nicht irgendein Land gäbe, das sie bewundern könnten. Und so entschieden sie sich für den Sozialismus in Sowjetrußland, dem eine leuchtende Zukunft bevorstand. Ich schwieg.
Vor lauter Erregung war mir entgangen, was man uns

zu essen gegeben hatte. Ich wünschte nur, dem Tisch zu entrinnen und dem Flug der Möwen zuzusehen...

*

Wir erreichten Travemünde. Die Luft roch nach Seetang, und ganze Schwärme von Möwen umkreisten uns. Die Schiffsmotoren begannen zu tuckern. Die »Kastelholm« stach in See.

Weshalb sie sich aber so langsam vorwärtsbewegte, hing mit der verminten Ostsee zusammen. Nur eine Art schmaler Kanal war von Minen gesäubert, und außerdem wurde ständig Ausschau gehalten, ob nicht eine Mine drohe, die sich losgerissen habe und auf den Schiffahrtsweg zutreibe. Auf die Frage, wie lange unsere Fahrt noch dauern würde, erhielt man keine Antwort. Nur das Ziel war inzwischen bekannt: der schwedische Hafen Hälsingborg.

Von der Seeluft ermüdet, kroch ich auf das Bett in der Kajüte. – Am nächsten Morgen waren wir schon auf hoher See, und sie war gar nicht so friedlich wie Tags zuvor. Wir saßen zu viert am Tisch der Deutschen, waren hingerissen vom schwedischen Frühstück, genossen es und vermieden peinlichst, ein politisches Thema anzuschneiden.

Plötzlich kam einer von der Besatzung in den Speisesaal gerannt und rief: »Befindet sich hier unter den Passagieren vielleicht ein Arzt?« Der Arzt meldete sich. Später erzählte er, ein Matrose sei schwer erkrankt an einem Magendurchbruch und müsse sofort in ein Krankenhaus gebracht werden. Die »Kastelholm« wendete und fuhr zurück nach Travemünde. Nicht wenige der Passagiere waren nach diesem Vorkommnis bedrückt. Was ist das für ein Rot-Kreuz-Schiff, das nicht einmal einen Arzt an Bord hat?

Am dritten Tag unserer Reise kam ein Sturm auf. Um nicht seekrank zu werden, gab es – nach der maßgeblichen Meinung der Erfahrenen – nur eines: so lange wie möglich auf Deck herumlaufen. Ich praktizierte es und fand Nachahmer. Erst als der Gong zum Mittagessen ertönte und ich mich mit größten Schwierigkeiten in den Speiseraum hinunterhangelte, da war's aus. Es gab nämlich ein echt schwedisches Essen: Blutwurst mit Sirup. Schon der Anblick genügte. Ich rannte zurück auf Deck und tat das Meine.

Dann mußten wir noch eine turbulente Nacht und einen weiteren Tag überstehen, bis die »Kastelholm« schließlich in ruhigere Gewässer kam. Da ist dann der Mensch nur noch voller Dankbarkeit. Gegen 8 Uhr abends landeten wir in Hälsingborg, und man versicherte uns, wir würden erst am nächsten Morgen an Land gehen. Eine ganz ungewohnte tiefe Stille herrschte auf dem Schiff, seit die Schiffsmaschinen schwiegen, und wir legten uns hin in Erwartung der ersten ruhigen Nacht seit Tagen.

So gegen Mitternacht schlug der Steward mit Wucht gegen jede Kajütentür und brüllte »Aufstehen!« Mein Versuch, das Licht anzuschalten, blieb ohne Erfolg. Die Lichtmaschine des Schiffes war ausgefallen.

Die alte Schwedin begann zu jammern: »Ich kann meine Sachen nicht finden!« Die junge Baltin stotterte mit unsicherer Stimme: »Das Schiff ist doch nicht etwa verunglückt?« Ich thronte über den beiden, redete ihnen von oben her freundlich zu und fühlte mich plötzlich zurückversetzt in die Zeit des Dunkelarrestes im Lagergefängnis von Ravensbrück. Als erste Verwandlung stellte ich fest: Ich hatte die Fähigkeit zurückgewonnen, alles zu ertasten, ich bewegte mich mit völliger Sicherheit im Dunkeln. Im Nu war ich angekleidet, rutschte zu den beiden Ratlosen hinunter, fand die verlorengegangenen Strümpfe der Alten, stieß auf ihre Schuhe, entdeckte ihren Koffer, tastete in ihm und fand alles, was sie wünschte. Sie war getröstet. Mit der kleinen Baltin ging das nicht so leicht. Sie zitterte vor Angst und stöhnte: »Wir werden alle ertrinken müssen; das Schiff geht unter ...« Das tat es nicht, sondern plötzlich war wieder Licht ...

Doch die Geängstigten hatten kaum aufgeatmet, als es in bemerkenswerter Lautstärke hieß: »Beeilen, alle beeilen, schnell!« Gott, das war mir alles so vertraut. Dieses stundenlange, sinnlose Wartenlassen der Entmündigten und dann plötzlich die Kommandos, die Flüche, die Drohungen, um die Menschenherde zum Rennen zu bringen ...

Nein, so grausam war es nicht in Hälsingborg. Wir gingen langsam und ordentlich über die Landungsbrücke auf einige Baracken zu. In der ersten verschwanden die Frauen, die zweite war für die Männer.

Drinnen Holzbänke, Holztische, alles wie gehabt. Und dann der Geruch! Oh, wie vertraut: Es roch nach »Brenne«. Noch bevor wir aufgefordert wurden: »Bitte, ziehen Sie sich aus!«, hatte ich schon ein Versteck für den Liebesbrief gesucht und gefunden. Ich zog ihn in aller Eile aus dem Büstenhalter und beförderte ihn in eine Ritze unter der Holzbank. Das wäre getan...

Die nun folgende Prozedur kannte ich auch aus dem ff. Die ENTLAUSUNG. Mäntel, Kleider, Schuhe, Strümpfe und Wäsche, eben alles, was der Mensch am Körper trug, mußte an weißbeschürzte, mit Kopftuch versehene Frauen abgegeben werden. Und dann standest du da in deiner ganzen schönen oder häßlichen Nacktheit...

Alle um mich herum, die Alten wie die Jungen, waren sichtlich Neulinge; solche Prozedur war ihnen unbekannt. Die meisten von ihnen schämten sich, sie verdeckten keusch ihre Brüste mit den Händen, sie krümmten sich förmlich zusammen. Aber andere machten sich Luft. Sie schrien ihre Empörung heraus, sie fühlten sich erniedrigt... Wie recht sie hatten! Als mir das im Gefängnis das erstemal passierte, hatte ich nur den einen Wunsch, der Aufseherin ins Gesicht zu schlagen. Ließ es aber klugerweise sein.

Da stand eine Greisin und zitterte vor Kälte. Weshalb gab man ihr keine Decke!? – Man ließ uns über eine Stunde warten. Das war zuviel. Waren wir etwa auch hier keine freien Menschen, und war das hier kein freies Land? Es war eines, aber wir – wer weiß, zum wievielten Transport wir gehörten, wir gehörten zu einer Herde, zu einer endlosen Schlange von menschlichem Elend, das seit mehr als anderthalb

Jahren durch diese Baracken geschleust wurde, um entlaust und entfloht auf die schwedische Freiheit losgelassen zu werden. Sicher gab es Gründe genug für diese Vorsicht.
Endlich ein neuer Befehl! Wir Nackten mußten antreten, wurden mit irgendwelchen Chemikalien besprüht und unbekleidet in den Nebenraum geführt. – Was aber nun? Der Liebesbrief! Als ich sah, was sich anbahnte, lief ich zum Versteck, holte den Schatz heraus und legte ihn sichtbar auf die Bank. Es hat mich lange beschäftigt, ob eine von diesen Frauen ihn wohl befördert hat, ihm eine Briefmarke aufgeklebt und in den Postkasten gesteckt haben mag??

## 16. Kapitel

# Quarantäne Landskrona

Diesmal nahm uns ein kultivierter schwedischer Omnibus auf. Noch immer war tiefe, dunkle Nacht. Ich starrte durchs Fenster in die Düsternis, voller Spannung den nächsten Akt erwartend, denn niemand hatte uns mitgeteilt, wohin die Reise gehe. So eben werden Unmündige behandelt.
Schon von weitem sah ich etwas, das mich schneller atmen ließ: Starkes Scheinwerferlicht beleuchtete ein wohlbewehrtes Tor in einer hohen, massiven, steinernen Mauer, die einen geschichtsträchtigen Eindruck machte. Wir rumpelten über eine Holzbrücke, die Flügel des Tores öffneten sich, und wir fuhren ein in die ehemalige Festung Landskrona, das spätere Frauengefängsnis Landskrona und die jetzige Quarantäne Landskrona ...
Den Rest der Nacht verbrachte ich in einer Zelle zusammen mit der kleinen Baltin. Sie bezog das untere Bett und ich das obere. In *einem* Punkt allerdings, dem wesentlichsten, unterschied sich diese Zelle von allen, die mir bis dahin bekannt geworden waren: sie hatte keine Tür. Die Tür war ausgehängt, und an ihrer Stelle hing eine feldgraue Decke ...
Zwischen dem wohligen Ausstrecken auf dem

Strohsack bis zum Versinken in tiefsten Schlaf verging nur kurze Zeit. Minuten absoluten Wohlgefühls: Jetzt hatte ich keine Verantwortung mehr, von nun ab werden andere über mich entscheiden, höhere Mächte. Und tiefe Ruhe überkam mich.
Ich erwachte mit dem Gefühl, zwölf Stunden geschlafen zu haben; dabei waren es höchstens drei gewesen, zog mich leise an, kletterte hinunter, und da lag meine Zellenkameradin mit zerquältem Gesicht und offenen Augen. Sie hatte keine Minute geschlafen.
Eine Zelle ohne Tür! Ich schlug vorsichtig die graue Decke zur Seite und trat zögernd auf den Gefängniskorridor hinaus – konnte aber dem Ganzen nicht recht trauen und ging deshalb auf Zehenspitzen an den Zellentüren vorbei bis zu einer alten Wendeltreppe, über die wir nachts in das Gefängnis gekommen waren. – Sicher haben sie die Haustür abgeschlossen. Ich drücke auf die Türklinke und trete auf den Hof hinaus, einen klassischen alten Gefängnishof mit Kopfsteinpflaster und einem mit Steinplatten belegten Rundgang.
Wie ein Zirkuspferd in der Manege strebe ich auf diese Steinplatten zu, als von der anderen Seite des Hofes der hochaufgeschossene Journalist mit Brille auf mich zugelaufen kommt, mir »Guten Morgen« wünscht und fragt: »Haben Sie auch nicht schlafen können? Die Betten sind doch viel zu kurz!« Für ihn traf das allerdings zu.
Während ich ihm erzählte, wie herrlich ich geschlafen hätte, wobei wir nebeneinander hergehen, ich auf

den glatten Platten, er auf dem Kopfsteinpflaster mühsam stolpernd, fragt er mich mit gequälter Stimme: »Weshalb müssen wir denn ausgerechnet hier gehen?« – Und ich gebe ihm zur Antwort: »Wo sollten wir denn sonst gehen? Das ist doch der Rundgang!« Er blickt voller Verwirrung auf mich, bis bei mir endlich der Groschen fällt und ich ihn über meine Gefängnismeschuggas aufkläre.

Vom Dach eines kleinen Nebengebäudes bimmelt ein Glöcklein. Ich glaubte, es sei eine Kapelle und man riefe uns zu einer Morgenandacht. – Aber nein. Es war der freundliche Ruf zum Frühstück. Schweden bot sich uns dar im Überfluß. Für die meisten, so auch für mich, war allein der Anblick der Speisen, der Salate und der farbenprächtig belegten Brote umwerfend. Und dann die Milchströme. Aber es gab auch Kaffee, und davon soviel wie man mochte. Die Mädchen, die diese Schätze servierten, übertrafen an Freundlichkeit alles bisher Erlebte. Das Maß an Gastfreundschaft während der Zeit in Landskrona hat alles weggeschwemmt, was da vorher an Negativem passiert war. Man fühlte sich wie im Schlaraffenland, und als jeder Ankömmling vom schwedischen Staat auch noch 5 Kronen als Geschenk erhielt, wofür er sich in der Kantine Apfelsinen und Schokolade erstehen konnte, war das Glück vollkommen.

Nie vergesse ich meinen ersten Spaziergang auf den Festungswällen. Die Stadt Landskrona durfte man nur mit besonderer Erlaubnis besuchen und das erst, wenn alle Untersuchungen und Überprüfungen beendet waren.

Es war ein lieblicher Herbsttag mit matter Sonne. Vom großen Eingangstor aus erreichte man mit ein paar Schritten den Festungswall, von dem man einen herrlichen Blick in die Ferne hatte. Diese Wälle wurden umflossen von einem Graben mit dunklem, brackigem Wasser, und jenseits des Grabens lag eine Halbinsel, die auf der anderen Seite vom Meer begrenzt wurde. Die Farbenpracht des Herbstes schien sich auf diesem Stückchen Land wie auf einer Palette zusammengepreßt zu haben. Goldene Blätter an den Sträuchern und Bäumen, blutrote Georginen, strahlend gelbe Studentenblumen und im trockenen, goldbraunen Laub tobten farbenprächtig gekleidete Kinder. Sie trugen blaue, gelbe, grüne und rote Overalls und wälzten sich wie junge Tiere in den Laubhaufen am Boden. Was für ein herrliches, was für ein unbekümmertes Leben!
Am Ende bildete der Festungswall eine vorspringende Spitze. Dort stand ein Denkmal: auf einer Säule der schwedische Löwe, der seine Raubtierzähne gen Dänemark fletschte. Wir saßen in der milden Herbstsonne und blickten auf das in der Ferne flimmernde Meer.

*

Die erste Amtshandlung begann bereits am zweiten Tag. Jeder Neuankömmling mußte zur Polizei und hatte dort Rede und Antwort zu stehen. Bei dieser Gelegenheit erfuhr ich Erstaunliches. Es gab eine Verfügung, wonach jeder ehemalige KZler, der nach Schweden eingeladen wurde, automatisch einen

Främlingspaß, einen Ausländerpaß, erhielt. Ich war tief gerührt, doch welche Folgen das für später haben würde, blieb mir vorläufig unbekannt. Mit diesem Paß hatte man nämlich die Möglichkeit, ganz Westeuropa zu bereisen, was damals für Deutsche unmöglich und deshalb ein tolles Geschenk war.

Weniger positiv ging die ärztliche Untersuchung aus. Bei der Durchleuchtung der Lunge hatte man angeblich eine Kaverne entdeckt. Mir wurde schwummrig zumute, hatte ich doch bei der Anamnese meine Erkrankung im Lager Karaganda verschwiegen, denn es schien mir unvorstellbar, daß die Lunge nicht ausgeheilt sein sollte, wo ich doch anschließend an Karaganda noch weitere fünf Jahre KZ überlebte. Auf die Sache mit der Lunge hin durfte ich die Quarantäne Landskrona vorläufig nicht verlassen. Vorbeugend sandte man dem Komitee in Stockholm eine Mitteilung, und daraufhin erhielt ich von dort ein Geschenk von 150 Kronen. Das war gewaltig.

Bitter aber wurde das Abschiednehmen. Alle aus meinem Transport durften nach Stockholm weiterreisen, nur ich blieb zurück. Doch, Gott sei Dank, nicht für lange. Der Arzt beantragte die Aufnahme in das Landskronaer Krankenhaus, wo man sehr sorgfältige Röntgenaufnahmen machte und schließlich feststellte, daß sich die Kaverne geschlossen habe.

Per Telegramm teilte ich meine Ankunft in Stockholm mit.

## 17. Kapitel

# Zu Gast bei einem kommunistischen Millionär

Als es schon dunkel geworden war, näherte sich der Zug dem Ziel: Stockholm. Das wahrhaft Überwältigende bei der Einfahrt in die Stadt war die Fülle an Licht, an Licht in allen Farben! Zuerst hielt ich es für eine Festbeleuchtung, als Zeichen einer großen Feier, die gerade stattfand. Bei diesem Anblick war mir so zumute wie dem Kind beim Riesenfeuerwerk. – Das war ganz erklärlich für jemand, der aus dem Dunkel der deutschen Städte kam und der nicht wußte, welche Bedeutung in diesem nördlichen Lande das Licht hatte, in einem Lande, wo die Sonne im Herbst und Winter noch kurz über dem Horizont erscheint.
Auf dem Bahnsteig kommt mir ohne Zögern ein älterer Herr entgegen, macht eine Verbeugung und sagt: »Alois Neurath!« Es ist der provisorische Leiter des Stockholmer Büros vom International Rescue and Relief Committee. Neurath erkannte mich sofort. Wahrscheinlich lag's an der schäbigen Kleidung, denn ich trug ja immer noch den inzwischen heißgeliebten, total abgeschabten Kamelhaarmantel, der mir in Ravensbrück zugeteilt worden war, als der SS die Streifenstoffe ausgingen und wir in die Kleider der Toten gesteckt wurden.

Alois Neurath, Emigrant aus Böhmen, seiner politischen Überzeugung nach ein Trotzkist, verfügt über den ach so liebenswerten Charme des alten k. und k. Österreichers. Zuerst einmal wird, gleich am Bahnhof, ein Kaffee getrunken. Man muß sich doch kennenlernen. Und bei jedem Schluck entdecken wir einen neuen gemeinsamen Bekannten aus der alten Garde der kommunistischen Partei. Das tragische Ende von vielen dieser »Genossen« verschweige ich ihm noch.

Wir haben ja noch viel Zeit...

Die erste Nacht in Stockholm verbringe ich – von Neurath dorthin geleitet – bei einem österreichischen Emigrantenehepaar, das sich vor Gastfreundschaft überschlägt.

Am nächsten Morgen mache ich meinen Antrittsbesuch in den Räumen des IRRC, werde von Alois Neurath in das Büro der Präsidentin Elise Ottensen-Jensen geführt und ihr vorgestellt. Die Präsidentin ist eine Frau, die erfüllt ist von Menschengüte. Sie hat viele soziale Aufgaben übernommen, und mit besonderem Erfolg ist sie auch auf dem Gebiet der Empfängnisverhütung tätig, das sie mit einem solch organisatorischen Geschick betreibt – ja selbst die Landbevölkerung mit einbezieht –, daß ihr König Gustav von Schweden für ihre aufopfernde Tätigkeit eine Goldmedaille verlieh. – Elise Ottensen-Jensen machte sonst auf mich keinerlei besonderen Eindruck; ich weiß nicht einmal mehr, wie sie aussah. Doch die Hände habe ich nie vergessen. An jeder Hand fehlte ihr ein Finger. Sicher durch einen Un-

glücksfall ... Gerade diese verstümmelten Hände blieben für mich das Stärkste und Typischste an ihrer Persönlichkeit.
Im Büro des IRRC überreichte mir Neurath einen Brief. Ich schüttelte abwehrend den Kopf, denn der Brief kam aus Schweden. »Ich kenne keinen Menschen in diesem Land!« – »Aber machen Sie ihn doch erstmal auf!« bittet Neurath. Es geschieht, und ich versuche, die zittrige Schrift zu entziffern. Dort steht auf deutsch, daß sich der Schreiber dieser Zeilen sehr freuen würde, mich als seinen Gast begrüßen zu können ... Die Unterschrift ist unleserlich. Aber auf dem Kuvert kann man sie ohne Schwierigkeiten entziffern: Olof Aschberg, Saltsjöbaden, Villa Klippan. »Ich kenne diesen Menschen nicht und habe nie etwas von ihm gehört«, versichere ich wiederholt Alois Neurath. Neurath aber will erstaunlicherweise von mir wissen, ob ich eigentlich wisse, was Saltsjöbaden sei? Wie sollte ich denn. »Saltsjöbaden ist eine Art Vorort von Stockholm, wo hauptsächlich Millionäre wohnen. Und dieser Mann ist wahrscheinlich ein Mäzen.« – »Aber wie kommt er zu meinem Namen? Woher weiß er, daß ich nach Schweden eingeladen wurde?«
Neurath beendet diesen sinnlosen Disput und sagt: »Ich werde, wie im Brief gewünscht wird, bei Aschberg anrufen.« Und er tut es.
Da er schwedisch spricht, verstehe ich nichts, und erst nach dem Ende des Gespräches werde ich aufgeklärt: Ich solle bitte einen Zug benutzen, der mittags in Saltsjöbaden eintrifft. Am Bahnhof würde mich

der Chauffeur abholen. Nur müsse er wissen, wie ich aussähe. Es folgte eine Beschreibung. – Mit diesem Telefongespräch war über mein weiteres Schicksal verfügt worden. Ich wehre mich nicht mehr, denn nun obsiegt meine Neugier.

Mit einer richtigen Bimmelbahn erreiche ich Saltsjöbaden. Vor dem Bahnhof, wo ich mich suchend umblicke, steht ein großes, langschnauziges Auto und ein livrierter Chauffeur mit gezogener Mütze. Er geht auf mich zu: »Fru Buber?« Ich nicke, steige ein und denke »Oh là là!«

Wir halten vor einer in seltsamem Stil gebauten Villa; ein Dienstmädchen in Hellblau und Weiß, mit Häubchen und Volantschürze eilt herbei, ergreift den Koffer, und wir betreten »Villa Klippan«. Das reizende Dienstmädchen, Saga mit Namen, geleitet mich in ein großes Zimmer, das ein Oben und ein Unten hat, also zwei Ebenen.

Langsam hinkend kommt mir ein alter Mann entgegen, dessen Aussehen an einen alttestamentarischen Propheten erinnert: Es ist Olof Aschberg. Er breitet die Arme aus und ruft: »Welch eine große Freude ist das für mich, Sie bei uns begrüßen zu dürfen!«

Ich danke für die herzliche Einladung und bin, bei soviel Entgegenkommen, total verwirrt. Der Tisch ist gedeckt. Wir sitzen einander gegenüber. Olof Aschberg sagt entschuldigend: »Meine Frau Siri ist leider noch im Krankenhaus. Sie wird sich sehr freuen, daß Sie bei uns zu Gast sind.«

Um meiner Unsicherheit Herr zu werden, frage ich

Olof Aschberg, woher er eigentlich wisse, daß mich das IRRC nach Schweden eingeladen habe. Er lacht: »Was, das wissen Sie nicht? Ich glaubte, Babette habe Ihnen alles geschrieben? Wir sind doch gute, alte Bekannte. Aus Mexico teilte sie mir voller Freude mit, daß Sie das KZ überlebt hätten und das IRRC Sie eingeladen habe. Da schrieb ich gleich den Brief nach Stockholm. Ich wäre sehr glücklich, wenn Sie sich bei uns wohlfühlten ...«
Jetzt war ich im Bilde! Das letzte Jahrzehnt hatte eben doch seine Schäden angerichtet, Schäden am Gedächtnis.
Saga trägt die Suppe auf. Man wünscht sich guten Appetit. Mein Teller war noch halb voll, als mich Olof Aschberg freundlich, fürsorglich fragte: »Wann sind Sie denn von den Nazis verhaftet worden?« – Meine Antwort: »Ich wurde gar nicht in Deutschland verhaftet, sondern in Moskau. Dann aber 1940 vom NKWD an die Nazis ausgeliefert.« – Weiter kam ich nicht. Mir blieb das Wort im Halse stecken, denn das Gesicht von Aschberg, der seinem Aussehen und seinen Bewegungen nach offenbar schon einen Schlaganfall hinter sich hatte, wurde ganz schief und die Gesichtsfarbe veränderte sich auf krankhafte Weise. Es konnte einem angst und bange werden.
Ich löffelte schweigend, doch Aschberg setzte das Gespräch fort: »Aber wie kamen Sie denn nach Sowjetrußland?« – »Als Emigrantin, zusammen mit meinem Lebensgefährten Heinz Neumann. Das war im Jahre 1935. Heinz wurde 1937 während der Großen Säuberung vom NKWD verhaftet und ver-

schwand. Ich war ein Jahr später dran ...« Olof Aschberg unterbrach mich brüsk: »Sie wollen doch nicht etwa behaupten, daß man in Sowjetrußland unschuldige Menschen verhaftete?« Ich nickte und sagte: »Ja, sehr viele, Tausende ...« Damit endete die Unterhaltung.

Saga führte mich in mein Zimmer. Es war zauberhaft schön, mit alten Möbeln und einem Blick auf den Saltsjöfjord. Ich saß am Fenster, stierte vor mich hin und verfluchte mein Schicksal.

Daß Olof Aschberg noch 1946 – nach allem, was der westlichen Welt über die Säuberungen in Sowjetrußland bekannt geworden war – Kommunist sein sollte, war für mich wirklich schwer zu fassen.

Wie ich später erfuhr, hatte er offenbar einen Rückfall erlitten, als er während des Krieges einige Zeit in den USA lebte. Irgendwelche persönlichen Erfahrungen ließen ihn seine Zweifel am Sowjetregime, die bereits sehr heftig gewesen sein sollen, unterdrükken, ja, vielleicht vollzog er sogar das Kunststück, alles Negative wegzudenken.

Aschberg wurde als Sohn einer aus Rußland nach Schweden eingewanderten armen jüdischen Familie 1877 in Stockholm geboren. Er war eine seltene Mischung aus Finanzgenie und Philanthrop. Er hatte seine eigenen Ideen, wie man den Arbeitern am besten helfen könne. Er gründete schon 1912 in Stockholm eine schwedische Bank für die Gewerkschaften. Zu seinen guten Freunden gehörte damals der schwedische Ministerpräsident Hjalmar Branting, ein Sozialdemokrat.

Die Beziehung Aschbergs zu Rußland stand anfangs, also vor 1917, wahrscheinlich im Zusammenhang mit seiner russischen Herkunft. Er war russophil. Schon im Sommer 1917, zur Zeit der Provisorischen Regierung unter Kerenski, reiste Aschberg nach Petrograd und bot seine Hilfe an. – Das wiederholte sich fünf Monate später, jedoch nun unter ganz anderen politischen Voraussetzungen, nämlich nach dem Sturz der Provisorischen Regierung. Für Olof Aschberg, wie für so manchen zukunftsgläubigen Sozialisten und Marxisten, bedeutete der Sieg der sogenannten Oktoberrevolution, mit der Enteignung der Produktionsmittel und dem blutigen Terror gegen alle Andersdenkenden, den gloriosen Beginn des Weges zum vollendeten Sozialismus, also des Weges zum Paradies auf Erden.
Schon 1917 befreundete sich Aschberg mit einigen führenden Bolschewiken. Er wurde ihr Parteigänger, ihr Verteidiger und wies – wieder zu Hause in Stockholm – alle Gerüchte über Grausamkeiten und Verbrechen der Kommunisten in Rußland mit Entschiedenheit zurück. Von jetzt ab widmete er sich ganz den Geschäften mit und für Sowjetrußland und gründete einige Jahre später im Zentrum Moskaus die Russische Handelsbank. Obgleich er auf diese Weise der Sache des Kommunismus eng verbunden war, blieben interessanterweise seine Beziehungen zu den Sozialdemokraten, vor allem in Schweden, unverändert gut.

*

Der Aufenthalt in »Villa Klippan« wurde mir zur Qual, denn allein mein Anblick mußte Aschberg immer von neuem Stiche ins Herz versetzen. Ich überlegte, wie ich dieses gastfreundliche Haus am besten verlassen könnte.
Gleich am ersten Tag klopft es an die Tür meines Zimmers. Ich öffne. Vor mir steht Olof Aschberg mit einem Buch unterm Arm und sagt: »Bitte, lesen Sie das und sagen Sie mir dann, ob es die Wahrheit ist.«
Ich nahm das Buch dankend entgegen. Es war das mir damals noch nicht bekannte Werk in englischer Sprache »I chose freedom« von Victor Kravtschenko. Ich konnte nicht mehr aufhören mit Lesen, war absolut fasziniert und entdeckte unzählige Parallelen zu meinem eigenen Schicksal in Sowjetrußland.
Einige Tage später fragt mich Olof Aschberg nach meiner Meinung über Kravtschenkos Buch: »Ist das wirklich die Wahrheit, was er da schreibt?« – »Was er über sein persönliches Schicksal berichtet, kann ich nicht beurteilen. Aber alles andere ist die Wahrheit . . . «
Dann kam Siri zurück aus dem Krankenhaus. Und mit ihr änderte sich alles. Es war wie eine Erlösung. Siri, um viele Jahre jünger als Olof, war ein besonders liebenswürdiger Mensch. In ihrer Gegenwart wagte Olof nicht, das heiße Thema anzuschneiden. Und das war ein Segen. Siri hatte andere Interessen. Für sie war vorerst mal das Wichtigste: Ich müßte endlich schön angezogen werden.
Zu diesem Zweck fuhr uns der Chauffeur zum größ-

ten Warenhaus Stockholms, dem NK, das Aschberg gehörte. Die Einkleidung wurde für mich strapaziös, denn ich hatte im vergangenen Jahrzehnt die Beziehung zu modernen Kleidern verloren. Ich fühlte mich nur wohl in meinen alten Lumpen. Aber es half mir nichts. Siri hatte das Kommando übernommen. Ein fremdes Wesen trat dann aus dem Warenhaus wieder ans Licht des Tages.

## 18. Kapitel

# Neue Freunde im schönen Stockholm

Pakete zu erhalten, war in jenen Zeiten – wenn ich an Schwanheim zurückdenke – etwas Einmaliges. Aber aus einem Land wie Schweden ins arme Deutschland Pakete zu schicken, wo man unter der Fülle der Waren in den Läden nur auszuwählen brauchte, war herrlich, und da man ja genau wußte, was zu Hause fehlte und am meisten begehrt wurde, machte das Paketepacken viel mehr Freude als selbst beschenkt zu werden. Und dann die Briefe: Nun konnten sie mit Leichtigkeit in die ganze Welt gehen. Alle mußten erfahren, wo ich mich befand. Von da ab wurden Pläne geschmiedet, wie und wann man sich – und das möglichst schnell – wiedersehen könnte. Am dringlichsten hatten es die im Nachbarland, hatten es Lille Graah und Margrete Överland aus Oslo. Doch deren Pläne, mich dorthin zu holen, stießen auf schier unüberwindliche Schwierigkeiten: Deutsche erhielten kein Einreisevisum nach Norwegen. Der Kampf dauerte bis zum Sommer 1947. Da hat dann, unter dem Druck der braven Ravensbrückerinnen, das norwegische Außenministerium eine Ausnahme gemacht. Aber bis es dazu kam, habe ich in Schweden noch vieles und sehr Interessantes erlebt.

Stockholm ist eine hinreißend schöne Stadt. Allein die Tatsache, daß sie auf Klippen erbaut, also eine Art Inselstadt ist und imposante Brücken sich von Insel zu Insel wölben, gibt dem Ganzen etwas Schwebendes, wobei das seltsame nordische Licht das Unwirkliche noch erhöht.
Besonders die Altstadt Stockholms hat es mir angetan. Plätze, Kirchen, Brunnen, schmale Gäßchen, nirgendwo hat sich die Neuzeit hineingedrängelt. Mit Liebe und Sorgfalt hat man das Alte gepflegt und erhalten und – welch Segen – nirgendwo gab es eine sichtbare Zerstörung durch einen Krieg. Als ich schon viele Male durch die Straßen Stockholms gegangen war, die Stadt mich immer von neuem entzückte, sie mir jedoch stets unwirklich blieb, wurde ich auf einem der schönen großen Plätze der Altstadt von einer grausigen Halluzination befallen: ich sah alles in Trümmern und ... war keineswegs entsetzt, sondern ganz im Gegenteil: Ich hatte das Gefühl: so muß es sein ... Ich paßte das schöne Stockholm gewissermaßen der mitteleuropäischen Realität an. Sicher spielte dabei Angst eine Rolle, so etwas könnte einmal geschehen.

*

Bei einem Besuch im Büro des IRRC teilte mir Alois Neurath mit, daß verschiedene Einladungen zu Besuchen in Familien für mich vorlägen. Besonders dringend von der Psychoanalytikerin Lotte Bernstein, einer Emigrantin, und ihrer Freundin, der ehemaligen KZlerin Lotte Scheucher. Im Stockholmer Freundeskreis hießen die zwei: die Lotterie. Lotte Bernstein behandelte ihre Patienten, Lotte Scheucher sorgte für beider leibliches Wohl: sie kochte, räumte auf und tat alles Weitere für den Haushalt. Zum Geldverdienen aber nähte sie für die Firma Warners Büstenhalter und Hüftgürtel. Beide Lotten waren von fröhlichem Temperament und verfügten damit über die hervorstechendsten Eigenschaften der echten Berlinerin. Und da kamen sie auch her.

Lotte Scheucher, in Deutschland aus »rassischen Gründen« verhaftet, war nur ganz zufällig noch am Leben. Im letzten Jahr des Krieges hatte sich die Gestapo außer dem Vergasen eine neue Methode der Menschenvernichtung ausgedacht. Man brachte Omnibusse, vollgeladen mit Häftlingen, zu einem Ostseehafen – ich glaube, es war Stettin –, lud sie dort auf die Schiffe, ließ diese Schiffe in See stechen und dann versenken.

Kurz bevor die Todgeweihten aus jenem Omnibus, in dem sich Lotte Scheucher befand, umgeladen werden sollten, kam plötzlich ein Luftangriff und versenkte die Schiffe ohne die Menschenladung. Die zufällig am Leben Gebliebenen wurden vom schwedischen Roten Kreuz aufgenommen und gerettet.

Ich besuchte die beiden Lotten. Es waren noch weitere Gäste da.

Wie sich herausstellte, kamen die übrigen, im Gegensatz zu mir, aus dem KZ Auschwitz, also aus einem Vernichtungslager.

Wahrscheinlich wollte Lotte Bernstein aus berufli-

chen Gründen einmal wissen, über was sich solche »Ehemaligen« unterhalten würden.
Nach vorzüglichem, von Lotte Scheucher gekochtem Essen, begann bei Kaffee und Kuchen und sehr gelockerter Stimmung das Gespräch. Die psychische Erkrankung aller Ehemaligen war nicht zu übersehen: sie standen wie unter einem Zwang, sie mußten über das KZ reden, reden und nochmal reden. Aber an diesem Nachmittag und Abend fiel kein Wort, das eine tragische Note gehabt hätte, nichts von Hunger und Kälte oder von Krankheit, Tortur und Tod. Keine Silbe. Es wurde nur gelacht. Einer überbot den anderen in der Darstellung komischer Ereignisse im KZ. Vor allem, wie sie die SS-Leute hintergangen, ihnen Schnippchen geschlagen und sie hinter deren Rücken verhöhnt hätten. Es wurde von ganz ausgefallenen Glücksfällen erzählt, die Furchtbares verhindert hätten. Das erinnerte ganz stark an Heldengeschichten.
Das Entscheidende an diesen Gesprächen unter Ehemaligen – ich habe später noch ganz Ähnliches erlebt – war, so glaube ich, der Wunsch, ein Held, möglichst ein komischer Held gewesen zu sein.
Bei diesem Besuch begann meine Freundschaft mit den beiden Lotten, und da konnte es nicht ausbleiben, daß sie von meinen politischen Schwierigkeiten mit Olof Aschberg erfuhren. Sie versprachen, so bald wie möglich eine Wohngelegenheit für mich zu suchen.

*

Es wurde Winter, strenger nordischer Winter. In allen Wohnungen, allen Schaufenstern, Cafés und Restaurants, ja selbst auf den Bahnhöfen brannten große Kerzen. Der Höhepunkt des Lichtrausches war der 13. Dezember, das Fest der Lucia, einer Art Lichtgöttin, die auf einem Wagen, in Hermelinpelz eingehüllt, eine Lichterkrone auf dem blonden Haupt tragend, in einem Umzug durch bestimmte Straßen der Altstadt Stockholms gefahren wurde.
In den Familien, so auch bei Aschbergs, muß das jüngste weibliche Wesen im Hause am Lucia-Tag mit der Lichterkrone auf dem Kopf allen anderen Familienmitgliedern und Gästen morgens um 6 Uhr Kaffee und Kuchen ans Bett bringen. Eine sehr hübsche Sitte.
Ebenso ernst wie dieses Fest nimmt man in Schweden die Weihnachtsfeier. Bei Aschbergs fand sich die Großfamilie zusammen. Die Söhne aus Olofs erster Ehe mit Frauen und Enkelkindern und selbstverständlich auch Siris Sohn Sven. Bei dieser Gelegenheit lernte ich den ältesten Sohn, Sture, kennen, der in meinem Stockholmer Leben noch eine Rolle spielen sollte.
Gleich nach Weihnachten rief mich Lotte Bernstein an: Es gab eine Wohnung. Natürlich nur vorübergehend, aber immerhin. Sie gehörte einer ihrer Patientinnen, bei der offenbar die psychoanalytische Behandlung nichts gefruchtet hatte, denn sie befand sich nun für einige Zeit in einer Irrenanstalt.
Unter Freunden war es in Stockholm üblich – wegen der dort herrschenden Wohnungsnot –, seine Behau-

sung während einer vorübergehenden Abwesenheit Freunden und Bekannten zur Verfügung zu stellen. Die geborgte Wohnung lag am Stadtrand, dort wo die Häuser keine Reihen mehr bildeten, sondern einzeln und verstreut auf den Klippen standen und nun in tiefen Schnee gebettet waren.

Von neuem Eifer erfüllt, entschloß ich mich, Schwedisch zu lernen, und zwar im Arbetarbildningsförband auf Staatskosten. Alois Neurath gab mir Auskunft über alles und meldete mich auch an. Ich erschien zur verabredeten Zeit, stand mit einer Gruppe ebenfalls Lernbegieriger in einem Korridor in Erwartung unseres Lehrers.

»Es wird eine Lehrerin sein«, meint die neben mir Stehende, »und angeblich eine sehr gute. Da kommt sie ja schon!« Ich drehe mich um, und vor mir steht Charlotte Stenbock-Fermor, von der ich seit 1937 nichts mehr gehört hatte und glaubte, sie sei längst gestorben. Charlotte fällt mir um den Hals, schluchzt, lacht und redet Unzusammenhängendes: »Was! Du?! Du hier! – Du lebst!! ...« Wir hielten uns eine Weile aneinander fest. Dann wischte Charlotte ihr nasses Gesicht ab, wandte sich an die wartenden Schüler und sagte mit kläglicher Stimme: »Seien Sie mir nicht böse. Wir müssen die erste Stunde verschieben. Ich hole sie aber nach. Bestimmt. Heute kann ich nicht ... Sie haben ja gesehen ...« Von neuem kommen die Tränen.

Die Menschen blicken völlig konsterniert auf uns beide. Was das Ganze wohl zu bedeuten hat? Was ist denn denen passiert? Es war nichts anderes als eine der zahllosen Tragödien des letzten schrecklichen Jahrzehnts, eine Tragödie, die erstaunlicherweise für die beiden Betroffenen ein glückliches Ende fand. In meinem Buch »Die erloschene Flamme« erzähle ich die abenteuerliche Geschichte der Charlotte Stenbock-Fermor.

*

Olof Aschberg rief mich an, erkundigte sich, wie es mir gehe und wollte vor allem wissen, wie lange ich denn in dieser ausgeliehenen Wohnung bleiben dürfe. – »Bis die Besitzerin aus der Irrenanstalt entlassen wird«, gab ich ihm zur Antwort. Darauf lud mich Olof zum Lunch in seine Stadtwohnung auf Kungsklippan. Auch diese Wohnung ist ein Paradies! Hoch auf einer Klippe steht das moderne Haus, die Wohnung liegt in einem der obersten Stockwerke mit einem Blick über ganz Stockholm, über den Mälaren und das gesamte Inselreich.
Olof und Siri hatten sich Gedanken gemacht über meine fernere Existenz in Stockholm. Sie wußten, daß das IRRC seinen Gästen im Monat 300 Kronen zahlte, aber nur für einige Monate. Dann hatten die Eingeladenen auf eigenen Füßen zu stehen.
»Hätten Sie Lust, meinem Sohn Sture im Büro zu helfen?« begann Olof die Unterhaltung. – »Aber bestimmt, sehr gern ... Doch mit meinem jämmerlichen Schwedisch?« wandte ich ein. »Er hat in Flemminggatan 10 ein Büro für Export und Import, und es bestehen auch schon wieder Verbindungen zu Deutschland. Sie müßten ihm also die deutschen

Briefe schreiben.« Dazu war ich durchaus bereit. Es handelte sich nur um eine Halbtagsbeschäftigung, für die ich 250 Kronen bekommen sollte. Und dann kam das tollste Angebot, diesmal von Siri: »Einige Häuser in der Flemminggatan gehören Olof, unter anderem das Haus Nr. 10, in dem sich das Büro von Sture befindet, und das Haus Nr. 12, wo gerade ein kleines Appartement frei wurde. – Hätten Sie Lust, dort einzuziehen?«

So ein Angebot. Ich war gerührt vor Dankbarkeit. Siri versprach, das Appartement einzurichten, und so wurde ich ein regulärer Mieter in einem netten, kleinen Haus im alten Stockholm.

Die Arbeit bei Sture Aschberg war ein Kinderspiel und er einer der nettesten Chefs, die man sich nur denken konnte, er war nur mit einer echt schwedischen Schwäche behaftet: Er, der mit einer Amerikanerin verheiratet war und einen kleinen Sohn hatte, liebte den Alkohol.

## 19. Kapitel

# Wie ein Buch entsteht

Durch die vielen neuen Bekannten und Freunde, durch die Lotten, durch Charlotte und das IRRC wurde ich als eine Art Attraktion in bestimmte Kreise der schwedischen Gesellschaft einbezogen. Man wollte von mir die Wahrheit über die Konzentrationslager wissen. Die Gastgeber verhielten sich besonders freundlich zu mir, aber das half gar nichts...

Da saß ich nun an den vornehm gedeckten Tischen. Die Kerzen brannten. Die Hausfrau war, wie alle anwesenden Frauen, mit größter Sorgfalt gekleidet, dabei spielte die Harmonie der Farben eine besondere Rolle; die Frauen waren gesund und rosig von Angesicht und stolz auf ihre Fähigkeiten, zum Beispiel 10 verschiedene Gebäcke – wunderbare Gebäcke – herstellen zu können. Und während es nach Vanille, nach Zimt, nach Kardamom und frischer Butter duftete, stellten sie mir die Frage: »Wie war denn die Ernährung im russischen Konzentrationslager?« Wie kannst du überhaupt von Hunger sprechen bei einem solchen Überfluß? Doch ich zwang mich dazu, weil sie es aus einem ganz bestimmten Grunde unbedingt wissen sollten. »Die Tagesration bei vierzehnstündiger Arbeitszeit betrug im Lager Karaganda 600 Gramm feuchten schwarzen Brotes, jedoch nur, wenn man seine Norm erarbeitet hatte. Schaffte man es nicht, nur 400 Gramm, wurde man krank, nur 300 Gramm und war man aus Schwäche arbeitsunfähig geworden, gab es nur noch 200 Gramm Brot. Dazu einen dreiviertel Liter Wassersuppe, in der nie eine Kartoffel vorkam, nicht einmal ein Kohlblatt; nur einige Hirsekörner schwammen in ihr herum...« Besonderes Entsetzen rief hervor, wenn ich ihnen von unserem Eßgeschirr in Karaganda erzählte: Es bestand aus einer verrosteten 2 Liter Konservenbüchse und einem Holzlöffel. Basta!

Natürlich hätte ich mich ja weigern können, in diese Gesellschaften zu gehen oder ihre Fragen zu beantworten, aber für mich gab es einen besonderen Grund, eben gerade das nicht zu tun.

Ein baltischer Emigrant, ich glaube, er hieß Herr Michelson, hatte mir, als ich ihm von den baltischen »displaced persons« auf der »Kastelholm« erzählte, berichtet, auf welche bestialische Weise die schwedischen Behörden im Jahre 1945 das Asylrecht gebrochen hätten. Als die Sowjetrussen im Jahre 1939, im Zuge des Stalin-Hitler-Paktes, die baltischen Staaten annektierten, gelang es vielen Balten, nach Schweden zu entfliehen, wo sie als Emigranten lebten. Ebenfalls nach Schweden hatten sich nicht wenige deutsche Soldaten gerettet, die aus der Hitlerarmee desertiert waren.

Herr Michelson berichtete mir nun, welches Entsetzen diese Menschen packte, als sie hörten, was man mit ihnen vorhatte: nämlich sie an Moskau auszuliefern. Alle Proteste blieben wirkungslos. In ihrer Verzweiflung haben sich die Menschen selbst verstümmelt. Sie sprangen von den sowjetischen Schiffen, auf die man sie verlud. Sie begingen lieber Selbstmord, als in die Hände der Russen zu fallen. Mit meinem Bericht bestätigte ich, wie berechtigt die wilde Gegenwehr dieser Armen gewesen war, die ahnten oder wußten, was sie in den Gefängnissen, den Zuchthäusern und den Zwangsarbeitslagern des kommunistischen Regimes erwartete. Daß die schwedischen Behörden, unter ihnen gab es auch Sozialisten wie z.B. Georg Branting, die Entscheidung trafen, sich der Forderung der Sowjetrussen zu beugen, war eine eindeutige Verletzung der Menschenrechte.

*

Immer wieder fragten mich meine Zuhörer, ob ich denn die Erlebnisse in Sowjetrußland und in Nazideutschland bereits aufgeschrieben hätte? Nein, das hatte ich keineswegs und war auch nicht bereit, es je zu tun. Meine Bewunderung und Hochachtung vor Leuten, die Bücher schrieben, war so groß, daß ich jeden Gedanken daran als vermessen zurückwies. Aber langsam wurde ich wegen dieses Problems von schlechtem Gewissen geplagt. Ich erinnerte mich an ein Gespräch, das ich im KZ Ravensbrück mit meiner Freundin Milena Jesenska geführt hatte. Milena, eine bekannte tschechische Journalistin, kam auf die Idee, wir beide müßten, falls wir am Leben blieben und in die Freiheit kämen, gemeinsam ein Buch schreiben. Der erste Teil, der in Sowjetrußland spielte, sei meine Aufgabe, den zweiten, die Zeit in Ravensbrück, würden wir gemeinsam bewältigen. Ich wehrte mich heftig dagegen und beteuerte Milena, daß ich höchstens Liebesbriefe schreiben könnte. Sie aber, Milena, müsse das tun, denn es sei ja ihr Beruf. Um mich zu überzeugen, behauptete sie, jeder Mensch könne schreiben und meinte lachend, mich hätten nur die Lehrer in der Potsdamer Schule verdorben, indem sie mir Angst vorm Schulaufsatz einjagten. – Milena plante ganz ernsthaft dieses Buch, dem sie den Titel geben wollte: »Das Jahrhundert der Konzentrationslager«. Es war ihr nicht vergönnt, diesen Plan zu verwirklichen. Sie starb im Lager.

Und so war es nun meine Aufgabe. Wegen der ständigen Ausflüchte begann mich das schlechte Gewissen immer heftiger zu quälen, und schließlich hatte ich das Gefühl, an Milena Verrat zu üben. Da betrat ich eines Tages einen Papierladen und verlangte 100 Bogen weißen Papiers. In meiner Erinnerung war dieses Papier die Krönung von Weiß. Dann saß ich in dem kleinen Appartement, das leere Blatt vor mir, mit dem festen Entschluß, nun meine Pflicht zu tun. Aber das Papier blieb leer. Ich geriet in Verzweiflung und hielt mich für minderwertig. Als auch Kaffee nichts half, gab ich's schließlich auf...

Doch einige Tage später kam ich zufällig am gleichen Papierladen vorbei. Was mich hineingehen ließ, geschah unter einer Art Zwang. »Bitte, geben Sie mir

10 Schulhefte, aber mit Linien, und dazu einen Bleistift ... « Mit diesem Schatz unterm Arm konnte ich nicht schnell genug mein Zimmer erreichen, warf Mantel und Handtasche aufs Bett, setzte mich ans Tischchen, schlug ein Schulheft auf, und die Schleusen waren geöffnet. Es schrieb wie von selbst. Schon während der Bürostunden bei Sture Aschberg zog es mich immer heftiger zu meinem Tischchen. Der Stapel der vollgekritzelten Schulhefte wuchs; das schlechte Gewissen war verschwunden. Schreibend befand ich mich nicht mehr in der Gegenwart, sondern lebte in den Jahren ab 1937, war in Moskau, und alles Furchtbare geschah noch einmal, die Verhaftung von Heinz Neumann, das Verschwinden der Freunde ringsum, die Angst vor den Nächten, wenn sie kamen und die Leute holten, alles wurde nochmals durchlitten. Beim Schreiben stöhnte, lachte und weinte ich. Das Herz schmerzte, aber ich wurde nicht etwa schwächer, nein, stärker und überlegener.

## 20. Kapitel

# Besuch aus Mexico und Palästina

Ich erhielt einen Brief meiner Schwester Babette aus Mexico. Sie hatte sich seit Monaten vergeblich um das Einreisevisum in die amerikanische Besatzungszone Deutschlands bemüht. Man ließ sie ganz einfach nicht in die Heimat zurückkehren. Sie wollte von mir wissen, ob eine Möglichkeit bestehe, vielleicht nach Schweden einzureisen.
Dazu verhalf ihr in kürzester Frist eine wahrhaft bemerkenswerte Frau, die ich zu jener Zeit in Stockholm kennenlernte. Sie hieß Kerstin Hellner, arbeitete im dortigen Gesundheitsamt und war während der Jahre der Hitlerdiktatur die Mutter vieler Emigranten. Als man 1940/41 fürchtete, die Hitlerarmee könne von Dänemark oder Norwegen aus auch in Schweden einfallen, setzte sie alles daran, besonders den jüdischen Emigranten Ausreisemöglichkeiten nach den USA oder nach Südamerika zu verschaffen. Sie besaß tiefstes Verständnis für die Angst und Nervosität der Gejagten, nur bei einem, der sich an sie wandte und verlangte, sie müsse ihm, und zwar so schnell wie möglich, zu einem Affidavit nach den USA verhelfen, verwandelte sich ihre freundliche Hilfsbereitschaft in kategorische Ablehnung. Dieser eine war Bertolt Brecht.

Kerstin Hellner sagte mir, sie habe noch nie einen solchen Feigling erlebt wie diesen Menschen. Kerstin machte Brecht klar, daß er zu warten habe, denn zuerst müsse sie für die jüdischen Emigranten sorgen. Diese seien mehr gefährdet als er. Als Brecht jedoch immer zudringlicher wurde, stellte sie ihm schließlich die peinliche Frage, weshalb er als Kommunist denn nicht in die Sowjetbotschaft gehe und für sich, seine Frau Helene Weigel und seine Freundin um Einreisevisen bitte? Brechts wild ablehnende Reaktion auf diesen Vorschlag begriff Kerstin Hellner erst später. Brecht wußte anscheinend alles über die Massenverhaftungen in Sowjetrußland und fürchtete deshalb um sein Leben. Schließlich löste er – wahrscheinlich mit Hilfe amerikanischer Gesinnungsgenossen – das Problem auf elegante Weise: mit einem Durchreisevisum durch die UdSSR und einem Einreisevisum in die USA. Er erreichte also das »imperialistische Amerika« via Wladiwostok.
Aber damit hatte Kerstin Hellner schon nichts mehr zu tun. Nach dem Ende des Krieges gehörten die Kranken unter den ehemaligen KZlern zu ihren Schutzbefohlenen.
Ich bat um ihren Rat und mögliche Hilfe für meine Schwester. In kürzester Frist erhielt Babette ein Einreisevisum nach Schweden, denn Kerstin bürgte mit ihrem Namen.
Bis Babette schließlich in Göteborg landete, vergingen Wochen, denn sie kam mit einem Bananendampfer über den Atlantik. Wir feierten Wiedersehen in Stockholm, in Gefühlen tiefer Trauer und großer

Freude hin- und hergerissen. Trauer um die Toten, um Willi Münzenberg, der von Kommunisten in Frankreich umgebracht wurde, Trauer um Heinz Neumann, den das NKWD ermordete ...

*

Zu meiner größten Überraschung kam ein Telegramm aus Jerusalem, das die Ankunft Martin Bubers, seiner Frau und meiner Tochter Judith ankündigte. In der Abgeschlossenheit der letzten Wochen hatte ich keine Zeitungen gelesen, und so war mir entgangen, daß Martin Buber zu Vorträgen in Stockholm und Lund eingeladen worden war.

Es bedeutete eine große seelische Anspannung, mich auf die Begegnung mit meiner Tochter, die ich vor 14 Jahren das letzte Mal gesehen hatte, einzustellen. Ich mußte mit Gewalt in die Gegenwart zurückkehren.

Wieviel Verspätung der Zug haben werde, konnte man am Hauptbahnhof in Stockholm nicht erfahren. Nach Stunden des Wartens gab ich's auf und kehrte in die Flemminggatan zurück. Bubers hatten ja meine Adresse und würden mich bestimmt finden.

Es klopfte. Ich sprang zur Tür, und eine schöne junge Frau fiel mir um den Hals. Judith. Dann begrüßte ich Paula Buber, und wir gingen gemeinsam ins Hotel, wo Martin Buber bereits wartete. Die Beziehung zu den Großeltern meiner Kinder, vor allem zu Paula Buber, war seit über 20 Jahren nicht die beste. Als aber nun die Großeltern Judith mit nach Schweden gebracht hatten, also uns ein Wiedersehen ermöglichten, waren alle Spannungen zwischen uns mit einem Schlage vergessen. Ich war ihnen unendlich dankbar.

Der erste Konflikt, diesmal zwischen Großmutter und Enkelin, entbrannte leider sofort. Judith erklärte kategorisch: »Ich schlafe bei meiner Mutter und nicht im Hotel bei euch.« Sie siegte und zu meinem Erstaunen sogar nach ganz kurzer Zeit. Ich dachte so bei mir, auch Paula Buber ist älter geworden und somit weiser. Doch das sollte sich sehr schnell als Irrtum herausstellen ...

Wir saßen an meinem Tischchen und tranken Kaffee. Judith anzusehen war ein Vergnügen. Üppige dunkelbraune Haare in Zöpfen geflochten, ein schmales Gesicht mit bräunlichem Teint und dazu blitzblaue Augen. Schlank und groß, eine Schönheit. Sie erzählte, daß Barbara, ihre Schwester, bereits verheiratet sei, sie studiere Geschichte und Soziologie. Doch mit Beharrlichkeit lenkte sie das Gespräch in eine andere Richtung. Sie wollte alles über mich wissen, vor allem über mein Schicksal nach 1933. In Erstaunen setzten mich ihre politischen Fragen, und nach und nach wurde mir immer schwerer ums Herz. Diese Denkungsart kam mir bekannt und verdächtig vor. Aber sie war sehr geschickt und ließ die Katze nicht so schnell aus dem Sack.

Es war so viel nachzuholen, auch über die zwanziger Jahre, daß die Nacht verging und wir kein Auge schlossen. Als ich meinte, eine Stunde Schlaf könne uns eigentlich nichts schaden, fiel der entscheidende Satz. Judith sagte zusammenfassend: »Natürlich

stehst du wegen deiner ganz persönlichen bitteren Erfahrungen in Sowjetrußland dem dortigen System nicht mehr objektiv gegenüber. Du schätzt es deshalb falsch ein.« – Sie hingegen beurteile das dortige Regime, das natürlich noch einige Fehler und Schwächen habe, positiv.
Mir war so wie einem Menschen, den unerwartet ein Keulenschlag getroffen hat. Zuerst einmal verschlug es mir die Sprache, und daß ich mich verhältnismäßig richtig verhielt nach dieser furchtbaren Offenbarung, kam wohl von meiner totalen Erschöpfung. Statt wild auf Judith einzureden, sie auf die Millionen Opfer des kommunistischen Experiments hinzuweisen, schwieg ich und dachte in Panik: Um Gottes willen, soll das denn so weitergehen! Hat sich nun auch die nächste Generation diesem Wahnsinn verschrieben? – Und dann teilte mir Judith noch mit, so ganz nebenbei, als sei es das Selbstverständlichste von der Welt, daß sie von Schweden aus zum Jugendfestival nach Prag fahren werde. Durch den ersten Schlag konnte ich den nächsten schon etwas besser ertragen und nahm diese Neuigkeit ohne Kommentar zur Kenntnis.
Ganz anders Paula Buber. Als sie von der beabsichtigten Reise Judiths nach Prag erfuhr, war sie entsetzt. Als Hauptargument gegen diese Reise brachte die Großmutter vor, daß Judith damit den Ruf des Großvaters schädige. Als diese Vorhaltung ohne Wirkung blieb, mußte ich herhalten. Mit der kühnen, aber unwahren Behauptung: »Auch deine Mutter verbietet dir, nach Prag zu fahren«, spielte Paula

Buber ihren letzten Trumpf aus. Ich jedoch schüttelte den Kopf und sagte: »Nein. Judith ist ein erwachsener Mensch und hat das Recht, selbst zu entscheiden ...«
Damit war die Beziehung zwischen Paula Buber und mir wieder auf jenen Nullpunkt abgesunken wie einst in Heppenheim während der zwanziger Jahre, als ich im Haus Buber lebte. Zwischen damals und jetzt gab es nur einen wesentlichen Unterschied: Ich war härter geworden im Nehmen.
Durch einen reinen Zufall sollte ich mit dazu beitragen, daß Judith nach kurzer Zeit die ersten Zweifel an der Integrität führender Kommunisten aufstiegen, was dann bald zu einer allgemein kritischen Einstellung dem Kommunismus gegenüber führte. Das kam so: Abends saßen wir wieder beieinander in meinem Zimmer, und das Gespräch zielte abermals auf Moskau, und zwar auf die Stimmung, die dort bereits Jahre vor der Großen Säuberung geherrscht hatte. Eines Tages wurden Heinz Neumann und ich von dem tschechischen Schriftsteller Egon Erwin Kisch angerufen und gebeten, ihn doch mal in seinem Hotel zu besuchen. Wir taten es, wenngleich mit einigem Zögern, denn Kisch hatte eine besonders liebenswerte, aber im damaligen Moskau bereits lebensgefährliche Eigenschaft: Er war ein ebenso fähiger wie passionierter Anekdoten- und Witzeerzähler.
Als wir ins Hotelzimmer traten, hatte er schon alle möglichen Leute um sich gesammelt und brillierte mit Humor, wobei ihm auch sogenannte »trotzkistische Witze« unterliefen. Anstatt mich vor Lachen zu

biegen, saß ich dort und dachte: Wenn das nur gut gehen wird! Unter den Gästen ist bestimmt ein Denunziant, der der zuständigen Stelle alles brühwarm berichten wird.

Egon Erwin Kisch hatte Glück. Er genoß Narrenfreiheit, weil ihn die Komintern noch brauchte. Schon nach kurzer Zeit reiste er in irgendein Ausland und entging so dem Schicksal, das die meisten seiner Freunde und Bekannten in Sowjetrußland ereilen sollte.

Auf diese indirekte Weise hatte ich Judith mit Kisch bekanntgemacht. Als sie in Prag ankam und dort dasselbe tat, was auf kommunistischen Festivals üblich ist, nämlich singend und tanzend durch die Stadt zu demonstrieren, landete sie am Abend, zusammen mit dem ganzen jungen Volk, in einem Saal zu einer Veranstaltung. Dort eintretend hörte sie, der Hauptredner des Abends werde Egon Erwin Kisch sein. Sie drängelte sich nach vorn, fragte einen Saalordner auf deutsch: »Welcher von den Genossen dort ist Kisch?« Man zeigte ihr den Richtigen. Sie ging auf ihn zu, machte eine kleine Verbeugung und sagte: »Guten Tag! Mein Name ist Judith Buber.« Kisch blickte mit entzücktem Staunen auf sie und fragte: »Bist du etwa die Tochter von der Grete?« Judith nickte, und Kisch sagte leise, versonnen vor sich hin: »Ach, was waren das für schöne Mädchen, die Grete und die Babette. – Aber die Grete ist ja jetzt unsere Feindin geworden. – Wie gut ich das begreifen kann, nach alldem, was sie Heinz und ihr angetan haben ... « – Ein junger Mann trat zu Kisch heran,

tippte ihm auf die Schulter und forderte ihn auf, das Podium zu besteigen.
Judith, noch ganz aufgelöst von dem, was sie gerade gehört hatte, fand einen Platz in der ersten Reihe. Kischs Rede unterschied sich in nichts von dem hohlen Getöne, dem Phrasendreschen, das bei den Kommunisten üblich war. Es war eine Aufreihung von Lobeshymnen an die Adresse der »Großen Sowjetunion«, an den »Steuermann der Weltrevolution, Josef Wissarionowitsch Stalin«, sowie an die tschechische kommunistische Prominenz. Wie üblich behauptete auch er, daß sich der Sozialismus in kürzester Frist zum vollendeten Kommunismus entwickelt haben werde.
Judith traute ihren Ohren nicht. Sollte das wirklich der gleiche Mensch sein, mit dem sie noch in diesen Minuten gesprochen hatte? Dessen Worte voll schmerzlicher Bitterkeit gewesen waren? – Hat er vorhin gelogen oder lügt er jetzt?! Nein, das Geflüsterte war die Wahrheit. Das, was er jetzt in den Saal tönt, ist Lüge! Und damit begann – ihr noch völlig unbewußt – die Loslösung vom Glauben ans kommunistische Paradies.

## 21. Kapitel

# Ich verliere die Büroarbeit

Allein gelassen, trieb es mich sofort wieder zum Weiterschreiben. Das mit Bleistift Gekritzelte in den Schulheften war schwer zu lesen. Deshalb fragte ich eines Tages Sture Aschbach, ob er mir erlaube, nach der Arbeitszeit im Büro etwas auf der Schreibmaschine abzutippen.

»Aber selbstverständlich! Hier haben Sie den Schlüssel! Sie können im Büro machen, was Sie wollen!« war seine freundliche Reaktion auf meine Frage.

So saß ich nun jeden Abend bis in die Nacht hinein und schrieb das Manuskript ab, gleich mit zwei Durchschlägen. Ich war beinahe fertig, als eines Nachts so gegen 11 Uhr die Tür des Büros geöffnet wurde und Sture Aschberg freundlich lächelnd eintrat.

»Was machen Sie eigentlich hier jeden Abend?« fragte er. »Immer ist Licht im Büro?« – »Ich sagte Ihnen doch schon, daß ich etwas abschreibe«, erklärte ich. – »Aber was denn?« – »Meine Erlebnisse in Sowjetrußland.«

Sture blickte auf das neben der Schreibmaschine liegende Manuskript und fragte, ob er es einmal lesen dürfe. – Ich zögerte keine Sekunde, überreichte ihm

eine vollständige Kopie, er dankte und verabschiedete sich.
Nach einigen Tagen brachte er das Manuskript zurück, war begeistert und meinte: »Das liest sich ja wie ein Kriminalroman!«
Doch dann nahmen die Dinge ihren Lauf. Noch am gleichen Tag rief Olof Aschberg im Büro an und lud mich ein, mit ihm und Siri in der Stadtwohnung auf Kungsklippan zu lunchen.
Ahnungslos machte ich mich auf den Weg. Doch schon die Begrüßung fiel anders aus als sonst, und das Gespräch bei Tisch wollte nicht recht in Gang kommen.
Erst im Nebenzimmer beim Kaffee, wo Siri nicht dabei war, wurde es ernst.
»Mein Sohn Sture hat mir erzählt, daß Sie ein Buch schreiben?« sagte Olof in strengem Ton. – »Wie kommt er darauf, daß es ein Buch sei? Ich habe lediglich alles über meine Erlebnisse in Sowjetrußland aufgeschrieben«, gab ich leicht gereizt zurück. Olof aber hatte sich innerlich auf dieses Gespräch vorbereitet und fragte weiter: »Wenn Sie aber die Möglichkeit hätten, dieses Buch zu veröffentlichen, würden Sie es dann tun?« –
Mich ärgerte das Bohrende an dieser Frage, und ich gab zurück: »Wenn es eine Möglichkeit gäbe, warum denn nicht!«
Mit tiefernstem Gesicht ernst und feierlicher Stimme erwiderte Olof Aschberg: »Ist Ihnen klar, daß Sie damit den Weltfrieden gefährden würden?« – Für einen Moment verschlug es mir die Sprache. Doch

dann erwiderte ich – und das nun nicht mehr freundlich: »Mit diesem Buch würde ich eher dem Weltfrieden nützen ...«
Kurze Zeit herrschte im Raum tiefes Schweigen. Ich schwankte zwischen Wut und Mitleid und dachte: So eine freche Einmischung! Wiegelte mich aber gleich wieder ab: Er ist doch ein kranker, alter Mann, und alles in diesem Manuskript, das ihm Sture bestimmt gegeben hat, muß ihm furchtbare Schmerzen bereitet haben.
In ganz verändertem, beinahe väterlichem Tonfall bemerkte Olof – so als hätten wir uns nicht gerade wie erbitterte Feinde gegenüber gesessen: »Die Arbeit bei Sture ist nicht das Richtige für Sie. Ich weiß etwas viel Besseres. Wollen Sie nicht lieber Redakteurin meiner Zeitschrift ›Världshorisont‹ werden?«
»Redakteurin«, erwiderte ich, »bei meinem miserablen Schwedisch?« – Olof unterbrach mich: »Das spielt überhaupt keine Rolle. Sie können alle ihre Beiträge auf deutsch schreiben, die werden dann übersetzt.«
»Aber ich kenne Ihre Zeitschrift überhaupt nicht«, bermerkte ich hinhaltend. »Das hätten wir gleich«, sagte Olof voller Eifer, stand auf, humpelte zu einem Nebentisch und überbrachte mir eine Nummer von »Världshorisont«. Ich blätterte und las. Eine wahrhaft gut gemachte Zeitschrift, aber selbst auf den ersten, flüchtigen Blick hin war ihre Tendenz nicht zu übersehen: geschickt verhüllter Prosowjetismus. Also genau das »Richtige« für mich. – »Olof, seien Sie mir, bitte, nicht böse. An dieser Zeitschrift kann

ich nicht mitarbeiten, und zwar aus politischen Gründen.«
Nach dieser Bemerkung machte Olof Aschberg einen großen Fehler: Er bot mir Geld an ... Ich lehnte ab, stand auf, bedankte mich für alles und ging.
Einige Tage später kündigte mir Sture, der sich dabei beinahe die Zunge abbrach. Er tat mir leid. Voller Sorge erwartete ich, man werde mir auch das Zimmer kündigen. Aber nein, das geschah nicht. Um eine bittere Erfahrung reicher stürzte ich mich aufs Schreiben. Bisher wußte keiner meiner Freunde vom Entstehen des Manuskriptes. Aber nach dem Erlebnis mit den Aschbergs überkam mich nun der Mitteilungsdrang. Ich rief Charlotte an. Sie kam sofort in die Flemminggatan. So was Spannendes passierte doch nicht alle Tage im friedlichen Schweden. – Wir zählten meine Barschaft. Sie betrug noch 250 Kronen, also mindestens vier Wochen ruhigen Lebens. Charlotte versprach, sich zu überlegen, wie es weitergehen solle. Und dazu zog sie eine ihrer schwedischen Freundinnen, die Anwältin Lillemor Tillgren, ins Vertrauen. Damals befreundete ich mich mit Lillemor, und sie blieb meine Freundin bis heute.

*

Nun verfügte ich über unbegrenzte Zeit zum Schreiben. Tag und Nacht. Eines Tages erschien Lillemor, brachte eine Schreibmaschine und ein blaues Kuvert mit 250 Kronen.
Jetzt war ich endgültig gerettet! Das Manuskript umfaßte ca. 350 Schreibmaschinenseiten, als eines Tages

Einar Hirdman, der Ehemann von Charlotte, in die Fleminggatan kam und mich bat, mit ihm zum Verlag Natur och Kultur zu gehen; er habe uns dort schon angemeldet. Ich leistete heftigen Widerstand und brachte immer wieder das gleiche kindische Argument vor: Dieses Manuskript ist gar kein Buch, es hat überhaupt keine Kapitel, weil es ja gar nicht als Buch gedacht ist. Einars Argument, man könne doch einmal mit Herrn Hanson, dem Verleger von Natur och Kultur, sprechen, das verpflichte mich zu nichts, brachte mich schließlich auf die Beine.

Hanson, ein mit allen Wassern gewaschener Verleger, der den Spitznamen »Kulturjohann« trug, fragte mich: »Ist das ein politisches Manuskript?«, was ich im Brustton der Überzeugung verneinte. »Aber was ist es denn?« wollte Hanson wissen. »Es wird in ihm nur das berichtet, was ich in Sowjetrußland erlebt habe«, war meine ehrliche Antwort, und ich fügte etwas leiser hinzu: »Aber es hat überhaupt keine Kapitel ... « Das aber überhörte Hanson, bat um das Manuskript und sagte, ich solle ihn in drei Tagen anrufen, dann würde er mir Bescheid geben. – Als ich am dritten Tag zum Telefon ging, schlug mein Herz ungewöhnlich schnell. Hanson sagte voller Liebenswürdigkeit: »Ich verbinde Sie sofort mit dem deutschen Lektor. Von ihm werden Sie alles erfahren.« Es machte knick-knack, und der deutsche Lektor überschüttete mich mit lobhudelnden Superlativen. Und dann war ich wieder mit Hanson verbunden, der mich bat, möglichst gleich in den Verlag zu kommen, um Weiteres zu besprechen.

Das Hanson übergebene Manuskript endete bei der Auslieferung einer Gruppe von 50 Gefangenen, unter denen ich mich befand, durch das NKWD an die SS bzw. Gestapo auf der Brücke von Brest-Litowsk Anfang des Jahres 1940.
Hanson begrüßte mich überschwenglich: »Selbstverständlich nehmen wir das Manuskript. Allerdings nur unter einer Bedingung: Wenn Sie uns bis zum Dezember dieses Jahres den zweiten Teil abliefern, in dem Sie Ihre Erlebnisse im Nazikonzentrationslager beschreiben ...« Ich sagte mit Bedauern in der Stimme: »Das wird nicht gehen. Ich habe nicht genug Geld und muß mir eine Arbeit suchen.« Hanson: »Aber wieviel Geld brauchen Sie denn?« und ich, die ich während meines ganzen Lebens an einem Komplex litt und noch leide, nämlich an einer Beengtheit oder Schüchternheit, überhaupt Geld zu fordern, aber wenn es sein muß, eine möglichst bescheidene Summe zu nennen, sagte: »300 Kronen.«
Als Charlotte und die anderen Freunde das erfuhren, schäumten sie vor Empörung: »3000 hättest du verlangen müssen ...«

## 22. Kapitel

# Die Reise nach Norwegen

Daß aus dem Manuskriptbündel ein Buch werden sollte, beflügelte mich gewaltig. Ich saß täglich bis zu 10 Stunden am Tischchen und lebte nur noch in der KZ-Vergangenheit.

Ein Brief riß mich aus diesem unwirklichen Zustand. Er kam aus Oslo. Margrete Överland schrieb: »... Jetzt ist es endlich in Ordnung ... Gestern versprach uns der große Bürochef, er wolle gleich deine Papiere nach Stockholm schicken ...« Diese Nachricht brachte mich augenblicklich in Bewegung. Aber es war nicht etwa die Freude und die Neugier auf ein fremdes Land. Es ging ausschließlich um das Wiedersehen mit den Freundinnen aus Ravensbrück. »Freundinnen« ist wohl nicht das richtige Wort. Lille, Anička, Margrete, Lise Börsum, Gudny Hoegh-Omdal und die anderen waren ein Teil meines Lebens, gehörten zu jener Vergangenheit, von der ich nicht loskam. Für die Stärke solcher unter den abnormen Verhältnissen des KZ geschlossenen Freundschaften gibt es sicher viele Erklärungen. Diese Beziehungen entstanden ja in der Atmosphäre ständiger Bedrohung und wuchsen deshalb zu einer Verbundenheit auf Gedeih und Verderb. Da wir aber

auch noch einen gemeinsamen Feind hatten, die SS, entstand eine Art verschworener Bruderschaft.
Als erstes landete das Buchmanuskript im Koffer; dann viele neue Schulhefte mit Linien. Urlaub hin, Urlaub her, das Buch mußte fertig werden.

*

Eigentlich hatte ich *alle* Freundinnen auf dem Bahnsteig in Oslo erwartet. Doch da stand nur eine, Lise Börsum. Es fiel mir schwer, Tränen zu unterdrükken, denn das war sie ja gar nicht mehr. Lise hatte sich vom Häftling zu einer eleganten Dame verwandelt, war kaum noch wiederzuerkennen. Da die übrigen arbeiten mußten, wurde sie als Vorreiter ausgeschickt mit der Verpflichtung, mir erst einmal die Stadt zu zeigen. In ihrem Auto fuhr sie mich auf einen der vielen Berge, die Oslo umrahmen, und so konnte ich schon in der ersten Stunde einen Blick tun über die Stadt hinweg bis zum Oslo-Fjord. Aber was für ein Unterschied zwischen Norwegen und Schweden. Die Landschaft ist viel dunkler, fast rauh, das Leben unvergleichlich ärmer, viel näher dem übrigen Europa und sichtbar durch Krieg gezeichnet. Lise brachte mich ins Rikskringkasting, einen schönen modernen Bau, wo Lille als »Hallodame« waltete. Stürmische Begrüßung, und dann hatte ich Gelegenheit, zwei Stunden schweigend zu beobachten, was Lille von ihrem Studio aus den Norwegern am Radio vorsetzte.
Lille Graah, eine ehemalige Schauspielerin, war von allen diesen Freundinnen die unnorwegischste. Sie

hatte ein entzückendes Jungensgesicht, den Körper einer Garçonne und die winzigsten Hände und Füße, die ich je gesehen habe. Eigentlich lächelte oder lachte sie immer, war stets voll spielerischem Humor und damit etwas Einmaliges gewesen in der Düsternis von Ravensbrück.
Lille beendete ihre Arbeit, und wir gingen zusammen durch Oslo. Als erstes fiel mir auf, daß überall gebuddelt wurde, Häuser abgerissen worden waren und man sich anschickte, neue zu bauen. Sehr Charakteristisches, wie etwa die Stockholmer Altstadt, gibt es nicht in Oslo, auch fast nichts Behäbiges oder betont Wohlhabendes. Ohne seine Bucht und die Schären im Fjord, ohne die sie umschließenden dunklen Berge wäre die Stadt nur halb so schön.

*

Unser Wiedersehen wurde im Haus von Arnulf und Margrete Överland gefeiert. Mit diesem Gebäude hatte es eine besondere Bewandtnis. Es war die Wohnstatt für den jeweiligen Nationaldichter des Landes, und dieses Ehrenhaus lag im Park des königlichen Schlosses. Das Land Norwegen hatte es wahr gemacht: »Es soll der Dichter bei dem König wohnen ...« – Das schöne, alte, langgestreckte Holzhaus thronte auf einer Klippe über einer Grotte, die durch eine schmiedeeiserne Tür verschlossen war.
Im Jahre 1841 hatte sich der norwegische Dichter Henrik Wergeland, ein Kämpfer für politische und geistige Freiheit, dieses Haus selbst gebaut. Dabei spielte die Grotte eine wesentliche Rolle. Er brauchte

sie zum Dichten, denn nur ihre geheimnisvolle Atmosphäre konnte ihn inspirieren.
Arnulf Överland war nicht nur ein Dichter, sondern auch Maler und ein bemerkenswerter Publizist. Als verbissener Gegner jeglicher Unterdrückung der Freiheit hatte er schon lange vor der Besetzung Norwegens durch die deutsche Wehrmacht in Vorträgen und Gedichten den Nationalsozialismus heftig attakkiert. Als dann der Krieg auf Norwegen übergriff, verfaßte er eine Reihe von Gedichten, die man illegal im Lande verbreitete und damit die Menschen zum Widerstand anfeuerte.
Im Herbst 1941 wurden Arnulf und Margrete von der Gestapo verhaftet. Er verbrachte die Jahre der Gefangenschaft im KZ Sachsenhausen, sie im KZ Ravensbrück. 1945, nach ihrer glücklichen Heimkehr aus den Lagern, heirateten die beiden, und ihr Töchterchen Åsil war gerade ein Jahr alt.
Ich blickte auf die Freundinnen und konnte nicht fassen, wie sehr sie sich verändert hatten. Zwei Jahre Freiheit, und in den Gesichtern gab es auch keine Spur mehr von Schrecken und Ausweglosigkeit. Alle strahlten. Da stand Margrete, die Schönheit aus Stavanger. Sie erwartete ihr zweites Baby, was ihrer Schönheit nicht den geringsten Abbruch tat; Lise Börsum, die während einiger Zeit in Ravensbrück in der Baracke schräg über mir in der dritten Etage auf den Brettern gelegen hatte und die ich stets mit Entzücken beobachtete, weil alles an ihr so wohlproportioniert war, übertraf nun an Eleganz alle Anwesenden. Gudny Hoegh-Omdal, die so aussah, wie ich

mir eine Gestalt aus der »Edda« vorstellte, etwa eine Schicksalsgöttin, sprach mit tiefer, sonorer Stimme und übertraf mich bei weitem im Zigarettenkonsum. – Unter den Gästen war auch Lilles Schwester Ingeborg, der, Gott sei Dank, das Lager erspart geblieben war und die sich in dieser Runde von Ehemaligen sicher etwas merkwürdig fühlte. Dann erfuhren wir eine der schönsten Nachrichten, daß nämlich ungefähr in einer Woche Anička Kvapilova aus Prag zu uns nach Oslo kommen werde.

Die Norweger, ein temperamentvolles Volk, entfalten sich erst richtig beim Feiern. Alle sind trinkfest, und ich hatte es schwer, mitzuhalten. Bis zu dieser Begrüßungsfeier war ich der Meinung gewesen, Arnulf habe, wie die anderen ehemaligen KZler, gegen die deutsche Besetzung Norwegens gekämpft und sei ein Antifaschist. Das war er natürlich auch. Aber er gehörte nicht zu denen, die auf einem Auge blind sind, nämlich auf dem linken. Er lehnte jede Art von Diktatur ab und somit auch die kommunistische. Das aber brachte ihm, genauso wie mir, die Feindschaft vieler ehemaliger KZler ein. Arnulf trug sie mit Gelassenheit und trat den Kommunisten voller Mut entgegen. So lag es nahe, daß er sich sowohl für meine Erlebnisse in Sowjetrußland interessierte als auch für meinen politischen Standpunkt. Als er hörte, ich schreibe gerade ein Buch über meine Erfahrungen unter zwei Diktaturen, war er begeistert und wünschte dringend, das Manuskript zu lesen.

Über vier Stunden fuhr uns ein Dampfer durch den Oslo-Fjord mit seinen unzähligen Schären und

Halbinseln dem offenen Meer entgegen. Wir landeten schließlich in Husöy, einer lieblichen grünen Insel. Dort verbrachten Margrete, Arnulf und Åsil den Sommer, der in diesem Jahre 1947 ausnehmend schön war. Es gab nur Sonnentage! Und das auf einer Insel im Oslo-Fjord, ganz nahe am offenen Meer.
Das Överlandsche Haus besaß einen Anbau, eine Art gedeckter Veranda mit Blick auf den Garten voller Birken und Büsche. In diesem Raum stand ein riesiger Holztisch, an dem Arnulf arbeitete, und da ich mich mit gleichen Absichten trug – das Schreiben nicht lassen konnte –, wurde auch mir ein Platz auf der Veranda eingeräumt.
Åsil, ein besonders schönes Baby mit fast schwarzen Augen, die sie vom Vater geerbt hat, lag alle Tage in ihrem Bettchen unter den Bäumen des Gartens. Fing sie aber auch nur leise an zu krähen, rannte Arnulf, ein rührend verliebter Vater, nahm sie sofort hoch und trug sie hätschelnd herum.
Vom Hause aus zog sich der Grasgarten bis hinunter zum Ufer des Fjords. Es ist völlig windstill. Ich gehe hinunter bis zum Landesteg und sehe im sonnendurchschienenen Wasser wahre Wunder: Algen und Wasserpflanzen mit Millionen Kristallbläschen bedeckt, und durch diesen märchenhaften Unterwassergarten balancieren kleine Krabben, schwimmen winzige Fische und schweben rosa, lila und gelbe Quallen, aus deren Schirmen lange Fäden heraushängen. Schon am ersten Tag kam ich diesem farbenprächtigen Gehänge zu nahe: Es brannte erbärmlich auf der Haut.

Husöy, diese verwunschene Sommerinsel, ist die Heimat von Walfischfängern, deren Fanggründe aber nicht, wie ich dachte, am Nordpol liegen, sondern in der Antarktis. Deshalb sind die Männer acht Monate von zu Hause fort. Dann aber kommen sie mit sehr viel Geld heim, genießen das Leben und vertreiben sich die Zeit mit Saufen und Fressen. Eine ganze Anzahl von Inseln in dieser Gegend ist von Walfischfängern bewohnt, und auf ihnen hat sich eine Art Weiberregiment entwickelt. Dazu kam es sicher, weil die Frauen meistens allein, somit nicht nur für die Kinder, sondern für alles verantwortlich sind. Außerdem müssen sie wahrscheinlich versuchen, vom Verdienst der Männer möglichst viel auf die hohe Kante zu legen, damit nicht alles durch die Gurgel gejagt wird.
In unserem Garten steht ein sinniges Arrangement, das auf die Tätigkeit der Männer hinweist: ein Tisch aus dem Schulterblattknochen eines Walfisches und vier Sitzgelegenheiten aus Walfischwirbelknochen.

Um im richtigen Meer zu baden, fahren wir mit Arnulfs Motorboot bis ans Ende des Fjords und legen an einer kleinen Schäre an. Damit aber sind wir in fremdes Gebiet eingedrungen, und es beginnt ein Kampf. Die dort wohnenden und wahrscheinlich brütenden Möwen sind derart wütend, daß sie sich auf uns stürzen wie Tiefflieger. Sie zielen im Sturzflug auf unsere Köpfe, und wenn man sich nicht schnell genug duckt, bekommt man eins mit dem Schnabel oder – sie machen einen voll. Auch eine wirksame Waffe. Auf jeden Fall gelingt es ihnen, uns schnell in die Flucht zu schlagen.

*

Zum Einkaufen fährt uns Arnulf über den Fjord zur Stadt Tönsberg. Åsil im Kinderwagen ist selbstverständlich dabei. Margrete und Arnulf besorgen die Einkäufe, ich hüte inzwischen das süße Baby; fahre es auf der Straße hin und her.
Plötzlich fängt Åsil mörderisch zu brüllen an. Offenbar hat sie die Abwesenheit von Vater und Mutter bemerkt. Ich schaukele den Wagen und rede auf sie ein: »Åsil, hör doch auf! Mama und Papa sind ja gleich wieder da!« – Weiter komme ich nicht, denn eine mir unbekannte Frau schießt auf mich zu und überschüttet mich mit einem Schwall von Beschimpfungen, in denen ständig das Wort »tyska« (Deutsche) vorkommt. Damit aber nicht genug, schmäht sie in ihrer Wut auch noch Arnulf Överland, der – oh, Schande! – sein Kind einer Deutschen überläßt, einer Feindin ... Der vehemente Ausbruch hat selbst Åsil zum Schweigen gebracht. Während meine Feindin noch brüllt und mir, eingestandenermaßen, Schauer über den Körper laufen, erscheinen, Gott sei Dank, Arnulf und Margrete. Nun verschieben sich die Fronten; die Feindin konzentriert ihren Angriff auf Arnulf, und der Disput nimmt an Heftigkeit zu, denn die Erregte ist keinem logischen Argument mehr zugänglich und schon gar nicht dem, daß keineswegs alle Deutschen für Hitler gewesen seien ...

*

Lille kommt zu Besuch, um die baldige Ankunft von Anička zu melden und mich nach Oslo zu entführen. Die Tatsache, daß Anička es geschafft hat – denn sie kommt ja aus Prag, wo sich die politischen Zustände laufend verschlechtern –, löst bei uns eine solche Freude aus, daß wir vom Landesteg ins Wasser hopsen und voller sportlichem Ehrgeiz den Fjord überqueren. Wir fahren gemeinsam nach Oslo zurück und bereiten Anička einen tollen Empfang. Die Feier dauert zwei Tage, und alle Ehemaligen, die zusammengetrommelt werden konnten, sind dabei.
Anička, die ich eher für einen unpolitischen Menschen hielt, bestätigt zu meinem größten Erstaunen meine pessimistische Prognose, was das Schicksal der Tschechoslowakei anbetrifft. Auch nach ihrer Meinung sei die völlige Abhängigkeit der Prager Regierung von Sowjetrußland – und das war 1947 – unübersehbar. Nur hatte Anička, im Gegensatz zu mir, was vielleicht mit ihrer politischen Uneingeweihtheit zu erklären war, immer noch Illusionen. Sie hoffte auf eine Wendung zum Guten. Auf meinen Rat hin, sie solle doch lieber in Norwegen bleiben, reagiert sie mit heftiger Ablehnung und betont, wie wichtig ihre politische Tätigkeit in Prag sei.
In der Zwischenzeit hatte sie an einem internationalen KZler-Treffen teilgenommen und dort unsere französischen Freundinnen, Anise und Germaine, getroffen. Sie behauptete – und ich wollte meinen Ohren nicht trauen –, daß beide unter den Einfluß der Stalinisten geraten seien . . . Das waren ja schöne Aussichten für die Zukunft.

## 23. Kapitel

# Die kommunistische Machtergreifung in der Tschechoslowakei

Im Herbst 1947 setzte Stalin die führenden Kommunisten der Tschechoslowakei, vor allen deren Generalsekretär Rudolf Slanski, durch eine Art Ultimatum unter massiven Druck: Er drohte, alle Mitglieder des Präsidiums der KPTsch abzusägen, falls die Partei nicht in kürzester Frist die Macht im Lande erobert hätte.

Erstaunlicherweise gelang es den Kommunisten schon ein halbes Jahr später, und zwar am 22. Februar 1948, durch einen erfolgreichen Staatsstreich dem Befehl Stalins nachzukommen. Dabei bleibt es unerklärlich, weshalb die Sozialdemokraten und die Liberalen diesem von Moskau geplanten Staatsstreich keinen Widerstand entgegensetzten. Wie konnte es geschehen, daß in dieser *nicht* von den Sowjetrussen besetzten »Volksdemokratie« die KPTsch ohne Widerstand die Macht an sich riß?

Eine indirekte Rolle bei diesem gelungenen Coup dürfte die prosowjetische Haltung des Präsidenten der Tschechoslowakei, Eduard Benesch, gespielt haben, ebenso wie die Tatsache, daß der Vorsitzende der Tschechischen Sozialdemokratischen Partei, Zdenek Fierlinger, nicht nur ein Sympathisant der

Kommunisten, sondern, wie sich später herausstellte, seit Jahren ein Sowjetagent gewesen ist. Außerdem war es den tschechischen Kommunisten nach den letzten demokratischen Wahlen gelungen, den Posten des Innenministers zu besetzen, wodurch sie Herr über die Polizeikräfte des Landes geworden waren, die sie, entsprechend ihrer revolutionären Absichten, sofort mit Kommunisten infiltrierten. Auf diese Weise besaßen sie sodann ein wesentliches Werkzeug im Kampf um die Macht. Zum gleichen Zweck organisierten sie eine »Volksmiliz«, die beim Umsturz die ihr zugedachte Rolle mit Erfolg spielte.
Schon einige Monate nach der Drohung Stalins wurde die Führung der KPTsch von Panik ergriffen, denn die Sozialdemokraten hatten auf ihrem Parteitag den Vorsitzenden Fierlinger abgewählt. Dadurch verlor die KPTsch ihr zuverlässigstes Werkzeug innerhalb der sozialdemokratischen Partei. Ferner deutete die Stimmung im Lande auf einen rasanten Schwund ihrer Anhänger hin und auf eine mögliche schwere Niederlage der KPTsch bei den nächsten demokratischen Wahlen. Die politische Atmosphäre verriet, daß die Menschen in der Tschechoslowakei ein gutes Gespür hatten für die düsteren Absichten der KPTsch und Moskaus.
In dieser Situation ergriffen die führenden Mitglieder der Tschechischen Kommunistischen Partei die Flucht nach vorn. Ihr Innenminister, Vaclav Nosek, ordnete entscheidende Maßnahmen an: Er sägte alle Polizeikommandeure Prags ab und ersetzte sie durch Kommunisten. Der Erfolg war durchschlagend;

denn es führte, wie geplant, zur Regierungskrise, und damit begann alles das zu funktionieren, was die Kommunisten seit langem für diesen Zeitpunkt vorbereitet hatten: Der unterwanderte Rundfunk nahm seine prokommunistischen Sendungen auf, und die zahlreichen unter Einfluß der KPTsch stehenden Zeitungen waren nun über Nacht zu Sprachrohren der Kommunisten geworden.
Und dann ließ man die bewaffnete »Volksmiliz« durch die Straßen der großen Städte marschieren, besetzte die Ministerien, während zu gleicher Zeit der kommunistische Innenminister den Terror verordnete. Allerorts wurden Menschen verhaftet, und Erschießungen waren an der Tagesordnung. – Präsident Eduard Benesch kapitulierte ohne Gegenwehr. Außenminister Jan Masaryk beging Selbstmord – wie die offizielle Version seines Todes lautete – oder wurde, wie die Gerüchte wissen wollen, aus dem Fenster gestürzt ... Von da ab rollte über Böhmen eine Selbstmordwelle. Andere, denen die Kommunisten nach dem Leben trachteten, versuchten sich durch Flucht zu retten. – Nach dem gelungenen Staatsstreich wurde in der Tschechoslowakei die Diktatur der Kommunistischen Partei errichtet.

*

Ich öffne einen Pappdeckel mit der Aufschrift »Illegale Briefe aus Prag, überbracht von J. Z.« Da liegen sie vor mir, manche schon vergilbt; einer davon ist auf Seide geschrieben. Alle stammen von meiner Freundin aus dem Jahre 1948, aus der Zeit nach der kommunistischen Machtergreifung in der Tschechoslowakei.

Von diesen verzweifelten Briefen geht noch jetzt eine atemberaubende Wirkung aus. B. schreibt in ihrem lieben böhmischen Deutsch, wie man sie aus der Arbeit geworfen hat, wie man sie zu Verhören durch die Kommunisten holt, wie man eine ihrer Freundinnen, auch eine ehemalige Ravensbrückerin, bereits verhaftet hat, daß ein Bekannter von ihr, in totaler Ausweglosigkeit, einen Selbstmordversuch unternahm und nun im Krankenhaus unter Polizeibewachung liege. Dann teilt sie gewissermaßen am Rande mit, als sei es das Selbstverständlichste von der Welt: »Seit kurzem bin ich Leiterin einer Widerstandsgruppe ...«

Die Arme ist hin- und hergerissen zwischen dem Willen, in der Heimat zu bleiben und der Angst, nach Sibirien verschleppt zu werden. Auf unsere Beschwörungen hin sinnt sie jedoch nun auf Fluchtmöglichkeiten. Als sie in der Nähe ihres Hauses zufällig Lastwagen aus dem freien Westen sieht, reift in ihr der Entschluß: Ich werde da reinkriechen, mich unter den Planen verstecken und auf diese Weise unbemerkt über die Grenze kommen ... Und sie weiß nicht, daß diese Grenze bereits unüberwindlich wurde.

Neben den Briefen von B. liegen welche von unseren gemeinsamen Freundinnen aus Paris. Eine bittet mich, ihr bei der Suche nach einem verschwundenen Vetter zu helfen; eine andere verlangt dringend von mir ein Foto von B., denn man brauche es für einen

Paß. Alles was da geplant wird, um unsere Freundin herauszuholen, ist so dilettantisch, daß man weinen könnte.
Aber – oh Wunder! Diese Bemühungen führen schließlich zu ihrer Rettung. Wir finden den richtigen Mann für eine solche Aktion, einen, der bereits zur Zeit der Besetzung der Tschechoslowakei durch die Nationalsozialisten vielen Menschen zur Flucht verhalf. Er verschaffte sich – und das nicht etwa auf krummen Wegen – einen falschen Diplomatenpaß, in dem B. als seine Frau figuriert; fliegt sodann nach Prag, bewaffnet mit dem Brief einer im Westen lebenden Freundin B.s, in dem ihr klar gemacht wird, was nun geschehen soll.
Es klingelt. B. öffnet die Haustür. Vor ihr steht ein Unbekannter, der sie auf deutsch anspricht, ihr sagt: »Ich komme von deiner Freundin« und ihr einen Brief überreicht. Dann bittet er die leicht Konsternierte, eintreten zu dürfen, und B., ein von Natur freundlicher Mensch, läßt ihn sofort ein, da er ja von ihrer Freundin kommt. Sie ist vor Freude ganz durcheinander, denn sie hält eine Nachricht aus dem Westen in der Hand. Sie bittet den Gast, sich zu setzen und öffnet gierig den Brief. Was sie da zu lesen bekommt, verschlägt ihr den Atem. Was? Sie soll die Frau dieses unbekannten Mannes sein und alles tun, was er ihr sagt? Germaine hat wohl den Verstand verloren!
Nach außen hin wirkt B. wie die Verkörperung der Sanftmut, Ruhe und Nachgiebigkeit, doch im Kern ihres Wesens ist sie das genaue Gegenteil. Sie ist

stark, zu gewagten Entschlüssen fähig und hat die einmalige Gabe, durch Freundlichkeit Berge zu versetzen.
Mit einem leicht gequälten Lächeln fragt sie den Unbekannten, der sich als Joachim vorgestellt hat: »Darf ich Ihnen eine Tasse Kaffee anbieten?« – Er nickt freundlich zustimmend. Beim Kaffeetrinken bemerkt B., daß ihr Gegenüber nervös zu sein scheint. Seine Hände sind voller Unruhe. Plötzlich steht er auf, läuft im Zimmer hin und her, bleibt vor B. stehen und sagt mit Nachdruck, sie solle jetzt endlich ihren Koffer packen; sie hätten nicht mehr viel Zeit...
B. aber blickt ihm freundlich in die Augen und sagt, ohne die Stimme zu erheben, ohne irgendwelche Anzeichen von Erregung: »Nein. Ich bleibe hier. Ich kann doch die anderen nicht allein lassen...« Joachim verliert die Fassung: »Aber B., was ist denn mit dir los! Du hast doch darum gebeten, du wolltest doch, daß wir dich rausholen!«
Eigentlich hat er ja recht, denkt sie: Aber was soll ich nur tun? Es ist doch eine Gemeinheit, sang- und klanglos zu verschwinden und die anderen, die sie verhaften werden, ihrem Schicksal zu überlassen... Joachim muß sich mit Gewalt zurückhalten. Er spürt, daß die sanfte B. den Willen eines störrischen Esels hat, und da ihm befohlen wurde, sie nach Paris zu bringen, bleibt ihm nur noch eine Methode: Im Befehlston herrscht er sie an: »Wo ist dein Kleiderschrank? Wo liegt der Koffer? Welche Kleider willst du mitnehmen? Was sonst noch für Sachen?« Und B.

gehorcht; sitzt starr vor ihrer Kaffeetasse und beantwortet artig jede Frage ... Schließlich ist der Koffer gepackt, und Joachim, der nicht fassen kann, daß sie sich nicht vom Platz rührt, herrscht sie an: »Und wo hängt dein Mantel? Und wo ist die Mütze? – Willst du nicht endlich aufstehen?« – Sie steht langsam auf, antwortet ihm, aber wirkt völlig abwesend. Er hilft ihr beim Anziehen, ergreift den Koffer, und B. geht willenlos mit ihm, vergißt sogar, einen letzten Blick auf ihr geliebtes Zuhause zu tun ...
Als die beiden glücklich in Paris gelandet sind und die Freundinnen vom gelungenen Coup erfahren, ist die erste Reaktion erlöstes Aufatmen. Als man dann aber hört, wie das Ganze vor sich ging, überwiegt die komische Seite der Rettungsaktion, und es heißt nur noch: »Damals, als der Jochi die B. gekidnappt hat ...«

*

Seit jener Zeit sind 30 Jahre vergangen. Heute wie damals versuchen Menschen von jenseits des Eisernen Vorhangs in die Freiheit zu fliehen, sie versuchen, die mit Minen gepflasterte Grenze der sogenannten DDR zu überwinden, trotz der Gitterzäune mit Selbstschußanlagen, trotz Tausender schwer bewaffneter Soldaten, die an der Grenze zur Menschenjagd bereitstehen. – Andere Verzweifelte wagen in winzigen Booten die Ostsee zu überqueren, oder sie riskieren sogar schwimmend ihr Leben in dem wilden Verlangen nach einem Dasein in Freiheit.

## 24. Kapitel

# London 1948

Arnulf Överland hatte mein Manuskript so ehrlich gelobt, daß ich in Stockholm, nach meiner Rückkehr, nichts anderes mehr tat als zu schreiben, obgleich ich wegen Wohnungsnot bei den verschiedensten Freundinnen kampierte. Trotzdem gelang es. Und so erschien ich im Dezember 1947, wie verabredet, mit dem fertigen Manuskript von »Als Gefangene bei Stalin und Hitler« im Verlag Natur och Kultur und bat, Johan Hanson sprechen zu können. Als er mich sah, fragte er zögernd: »Sind Sie etwa fertig?« Ich nickte, und er sagte mit Bewunderung in der Stimme: »So etwas kann nur eine Preußin«.
Der Lohn für die Mühe bestand in einem weiteren, nun aber respektableren Vorschuß. Ich kam reich beladen wie ein Weihnachtsmann in Frankfurt an und feierte gemeinsam mit der Mutter und meiner Schwester Babette das Fest in glücklicher Ruhe.
Ruth Fischer, die das erste Mal nach dem Krieg Europa besuchte und von England aus nach den USA zurückfahren wollte, hatte in London erfahren, daß ich ein Buch über meine Lagerzeit geschrieben hätte. Sie wollte mich unbedingt sprechen, obgleich mir gar nicht klar war, weshalb das so dringend sein könnte.

Nun war es für Deutsche damals besonders kompliziert, ein Einreisevisum nach England zu erhalten. Dieser Besuch gelang nur durch Ruth Fischers gute Beziehungen zum Foreign Office und durch die Tatsache, daß ich im Besitz eines schwedischen Främlingspasses war.

Alles ging im Blitztempo. Ich telegrafierte meine Ankunft. Aber gegen Londoner Nebel ist kein Kraut gewachsen ... So landete ich mit einer Verspätung von fast 12 Stunden am 16. Januar 1948 auf dem Londoner Flugplatz. Dort erwartete mich ein riesengroßer Mann in den besten Jahren, der mit Donnerstimme sprach. Er hieß Heinrich Hellmann, war aus Berlin, jetzt Emigrant in England, und ein alter Freund Ruth Fischers.

Wegen der Verspätung wäre das ganze Unternehmen beinahe schief gegangen, denn Ruth Fischer sollte bereits am nächsten Morgen mit der »Queen Mary« von Southampton aus nach den USA abreisen. So blieb uns nur noch eine Nacht, um alle Fragen zu stellen und zu beantworten. Hellmann brachte mich zu einem miesen, kleinen Hotel, das so ähnlich hieß wie »Regina«.

Ruth Fischer lag bereits im Bett. Sie hatte das Warten aufgegeben. Doch sie stand sofort auf und überschüttete mich mit Fragen. Ihr Interesse galt vorwiegend der politischen Situation in Sowjetrußland während der sogenannten Großen Säuberung der Jahre 1935 bis 1938, einem Zeitabschnitt, den ich persönlich kennengelernt hatte. Eigentlich brauchte sie meine Auskünfte nur für eventuelle Fußnoten, denn

ihr Buch »Stalin und der deutsche Kommunismus« lag bereits fertig geschrieben vor und sollte noch im gleichen Jahr in den USA erscheinen.
Zur Zeit der Weimarer Republik hatte Ruth Fischer in der Führung der KPD eine Rolle gespielt, wurde jedoch dann wegen »Abweichungen von der Kominternlinie« – in ihrem Fall handelte es sich um »linke Abweichungen« – aus der Partei ausgeschlossen und entsprechend bekämpft. Ruth Fischer war eine typische Intellektuelle; ihre politische Stellungnahme wurde sehr häufig durch starke Emotionen verzerrt. Gegen Ende ihres Lebens vollzog sie eine Rückkehr zu den linken Idealen ihrer Jugend, was vielen ihrer Freunde unverständlich blieb und zur Folge hatte, daß sie mehr und mehr vereinsamte.

*

Am 17. Januar reiste Ruth Fischer ab, und Heinrich Hellmann kümmerte sich um mich, denn ich war ein Fremdling in der Riesenstadt London. Die ersten Tage wohnte ich bei Familie Hellmann, ging von dort aus zum Verleger Victor Gollancz und bot ihm mein Buch an. In der inzwischen dreißigjährigen Praxis im Umgang mit Verlegern blieb mir Gollancz als einer der sympathischsten in Erinnerung. – Mit dem Titel »Under two Dictators« erschien das Buch in England, wurde ein großer Erfolg, was bestimmt auch der ausgezeichneten Übersetzung von Edward Fitzgerald zu verdanken war.
Heinrich Hellmann verhalf mir zu einer nächsten Begegnung in London, die einen unvergeßlichen

Eindruck hinterließ. Ich wohnte für einige Zeit als Gast bei der Herzoginwitwe Katharine Duchess of Atholl, die in England eine Zeitlang kritisch-verächtlich »The red Duchess« (Rote Herzogin) genannt wurde. Sie hatte sich nämlich zur Zeit des Spanischen Bürgerkrieges von einem der vielen linken Komitees, die unter der Leitung Willy Münzenbergs standen, zu einer Inspektionsreise nach Spanien einladen lassen. Dort gab sie eine öffentliche Erklärung gegen Franco ab und beteuerte ihre Sympathien für die spanischen Republikaner. Winston Churchill, der mit der Duchess of Atholl befreundet war, schrieb ihr daraufhin: »Aber liebe Kathy, so was tut man doch nicht!« Und auch ihr eigener, damals noch lebender Mann stellte indigniert fest, sie lasse sich da auf etwas gewagte Sachen ein.

Doch Kathy beharrte auf ihrem eigenen Standpunkt: Sie trat aus der Konservativen Partei aus, legte ihr Abgeordnetenmandat nieder und kandidierte erneut als »unabhängige« Konservative.

Zu einem späteren Zeitpunkt jedoch setzte sie sich für die Opfer der sowjetischen Diktatur ein, gründete das »British Committee for Freedom in Europe«, das sich gegen die Bolschewisierung des Balkans, Polens und der Tschechoslowakei wandte, und half unermüdlich jenen, denen die Flucht aus den kommunistischen Ländern gelungen war und die nun als Emigranten in England lebten.

The Duchess wohnte in London an einem kleinen Platz mit Grünanlagen, der Iverna Court hieß, in einem großen altmodischen Ziegelbau, in dem es viele

Mietwohnungen gab. Die ihre lag im 4. Stock, und man erreichte sie mit einem alten, wackligen, asthmatischen Fahrstuhl.
Ein Diener öffnete die Tür. Er war so vornehm, daß ich total verlegen wurde. Als nächster dienstbarer Geist erschien Miß Blackett, die Sekretärin der Duchess. Sie war groß und hager, machte Schritte wie ein Mannsbild, trug eine dicke Brille, hinter der die Augen doppelt groß wirkten, und hatte immer eine Art Sombrero auf dem Kopf. Sie litt an einer Augenkrankheit.
»Mary«, wie sie sich vorstellte, sprach etwas deutsch und bestach durch Liebenswürdigkeit und Klugheit. Ursprünglich war sie Englischlehrerin bei einer reichen Adelsfamilie im Baltikum gewesen und soll, wie ich später erfuhr, schon damals für den britischen Geheimdienst gearbeitet haben.
Mary führte mich in mein Zimmer. Es war kalt, klein und gänzlich unpersönlich. – Dann aber stellte sie mich der Duchess vor. Das fand im großen Wohnzimmer statt, in dem ein breiter Kamin wohlige Wärme verbreitete. The Duchess, klein, hager, schon ziemlich verschrumpelt, die grauen Haare zu einem festen Dutt an den Hinterkopf geklebt, bestach mich sofort durch ihren besonderen Charme. Das einzige, was mich frappierte und störte, war die seltsame Kleidung: sehr bescheiden alles und in häßlichen braun-schwarzen Farben. Doch der negative Eindruck verlor sich sofort, als wir auf einem kleinen Sofa vor dem Kamin saßen und die Unterhaltung begann.

Ich vergaß aber, noch weitere wichtige Personen dieses Haushalts zu erwähnen, und zwar die zweite Sekretärin, ein verhältnismäßig junges, gut aussehendes Wesen, das in Indien zur Welt gekommen war, und ferner einen wohlgekleideten, vornehmen Herrn, einen polnischen Adligen und jetzigen Emigranten, dessen Tagesbeschäftigung darin bestand, mit einem Blasebalg das Feuer im Kamin nicht ausgehen zu lassen.
Das Hauptinteresse der Duchess galt dem Terror in Sowjetrußland und dem dortigen Konzentrationslagersystem. Eben das war ein unerschöpfliches Thema.
Als wir uns zum Abendessen an dem vornehm gedeckten Tisch im Eßzimmer versammelten, wurde mir erst klar, daß es in England noch drei Jahre nach dem Ende des Krieges fast weniger zu essen gab als im geschlagenen Deutschland.
Mary erbot sich, mir einige sehr schöne Ausstellungen in London zu zeigen. Anschließend führte sie mich zum Big Tea in ihren Club. Was da geboten wurde, übertraf an Üppigkeit alles bisher in England Erlebte. Ich blühte auf, und mein Gedächtnis lieferte Mary in Sekundenschnelle alle gewünschten Namen und Daten aus der einstmaligen Kommunistischen Internationale, dem sogenannten Generalstab der Weltrevolution. Den meisten Namen mußte ich jedoch hinzufügen: 1936 vom NKWD verhaftet; 1937 vom NKWD verhaftet; 1938 vom NKWD verhaftet ... Bei Mary löste dieser Totentanz keinerlei Bestürzung aus, denn sie gehörte ja auch zu

den wenigen, die nur zufällig am Leben geblieben waren.
Als sich am zweiten Abend wieder alle vorm Kamin trafen, betrat The Duchess mit einem Henkelkorb am Arm den Raum. Sie schüttete seinen Inhalt auf einen Tisch, und ich dachte: »So was tut sie auch noch!?« Dort lagen aus grober, feldgrauer Wolle gestrickte Strümpfe, Handschuhe und Pulswärmer. Manche waren sichtbar reparaturbedürftig. Die Hausherrin steckte den Stopfpilz in einen Strumpf, was ich als Aufforderung empfand, ihr nachzueifern. Sie wehrte sich nur schwach dagegen, und ich war überzeugt, daß es sich hier um eine Arbeit für einen Wohltätigkeitsverein handele.
Auf eine entsprechende Frage hin blickte mich The Duchess entgeistert an: »Aber nein! Das sind meine Strümpfe!« und sie hob ihren Rock leicht an und zeigte mir ihre Beinbekleidung: Es stimmte aufs Wort. Dann erst bemerkte ich auch die grauen Pulswärmer an ihren Handgelenken ... Und ich erfuhr, sie habe sich alles selbst gestrickt, und natürlich stopfe sie auch alles selber ...
Einige Tage später lagen am Abend ungefähr zehn Koffer, Köfferchen und Täschchen der verschiedensten Formate am Boden des Wohnzimmers, denn The Duchess wollte am nächsten Tag verreisen. Wenn ich sie richtig verstanden habe, ging die Reise nach Schottland. Der Haufen Lederzeug – in jedes Stück war eine große mehrzackige Krone eingestanzt – wirkte wie die Raritätensammlung eines Altwarenhändlers. Denn nach Form und Farbe stammten alle

diese Reiseutensilien mindestens aus dem vorigen Jahrhundert. Mit Hilfe Marys wurden die geeigneten Gepäckstücke ausgewählt, und dann nahm The Duchess Abschied von mir, denn sie würde längere Zeit aus London abwesend sein. – Die alte Dame hat mich derart fasziniert, daß mir noch heute der Ausdruck ihrer Augen, das lebhafte Mienenspiel, die elegante Art, ihre kleinen, mit feldgrauen Fingerhandschuhen bedeckten Hände zu bewegen, und ihre Überlegenheit beim Sprechen gegenwärtig sind, als hätten wir uns erst vor ein paar Tagen das letztemal gesehen. Solche erstaunlichen Persönlichkeiten wie The Duchess of Atholl konnten, glaube ich, nur in England gedeihen.

## 25. Kapitel

# Eine gewonnene Schlacht

Von den heroischen Einzelheiten und dem beispiellosen Verhalten der Bevölkerung erfuhr ich erst, als die Berliner und mit ihnen die Westalliierten gesiegt hatten, als die Stadt gerettet war und man bereits zu vergessen begann, wie es eigentlich zu diesem einmaligen Ereignis kommen konnte.

Mit der Unterbrechung der Verbindungswege, die vom Westen, vom Süden und vom Norden her durch die Sowjetzone führen, und über die 2,2 Millionen Menschen in den Westsektoren der Riesenstadt mit allem Lebensnotwendigen versorgt werden, hatte der Kommandant Ostberlins, Marschall Sokolowsky, schon häufiger gedroht. Das war eine der üblichen Formen der Erpressung durch die Sowjets. Doch nun wurde es ernster. Es schien so, als wünsche Stalin, dem soeben in der Tschechoslowakei erfochtenen »Sieg der Weltrevolution« einen weiteren Triumph hinzuzufügen, um seine Macht nach dem Westen hin auszudehnen.

Um die gewünschte feindselige Atmosphäre für einen möglichen Angriff zu erzeugen, ließ Stalin durch Marschall Sokolowsky gegen die soeben in den westlichen Besatzungszonen und in den Westsektoren

Berlins durchgeführte Währungsreform heftigen Protest einlegen, ließ eine totale Blockade der Westsektoren androhen, da, wie er behauptete, die Einführung der Westmark in Berlin gegen das Potsdamer Abkommen verstoße, denn Berlin läge ja in der russischen Besatzungszone. Mit der Blockadedrohung hoffte Moskau außerdem, die Entstehung eines westdeutschen Staates zu verhindern.
Die drei Vertreter der Westmächte in Berlin verhielten sich gegenüber der Herausforderung durch Sokolowsky unterschiedlich: Ganeval, der Kommandant des französischen Sektors der Stadt, glaubte nicht, daß die Russen zum äußersten Mittel, nämlich zu einer totalen Blockade, greifen würden; auch der englische Stadtkommandant, Herbert, hielt eine Verschärfung der russischen Methoden für nicht wahrscheinlich, meinte jedoch, daß bei einer Blokkade der Stadt nichts anderes übrig bliebe, als sich zurückzuziehen. Der einzige, der eine solche Provokation von seiten Moskaus, also eine Zuspitzung der Lage in Berlin, für durchaus möglich hielt, war der amerikanische Stadtkommandant Howley. Nach seiner Meinung habe man, falls sich die Drohung bewahrheiten sollte, eine solche totale Blockade zu brechen.
Daß es schließlich zu eben dieser Entscheidung der Westmächte kam, hing auch mit der erstaunlichen Haltung der Berliner Bevölkerung und mit ihrem bewundernswerten Oberbürgermeister, mit dem kämpferischen Geist Ernst Reuters, zusammen. Die Berliner wußten, was sie erleben würden, wenn die

ganze Stadt in die Hände der Russen fallen sollte. Bei der Besetzung Berlins durch die Sowjetarmee im April 1945 hatten sie genug Gelegenheit gehabt, den »Iwan« kennenzulernen. Das Grauen saß ihnen für alle Zeiten tief in den Knochen.

Eben deshalb waren sie bereit – komme, was da wolle –, alle Leiden auf sich zu nehmen, waren bereit, bis zum Letzten durchzuhalten, um gemeinsam mit den Amerikanern, den Engländern und den Franzosen die totale Blockade ihrer Stadt zu brechen.

Am 17. Juli 1948 war es soweit. Die Sowjets sperrten die Autobahn, blockierten die Eisenbahnverbindung und unterbanden die Benutzung des Elbe-Havel-Kanals. Die Antwort der westlichen Stadtkommandanten auf diese Provokation erfolgte prompt. Noch am gleichen Tag begann die Luftbrücke zu funktionieren. Sowohl der amerikanische General Clay ebenso wie der Oberbürgermeister Ernst Reuter haben Wunder vollbracht. Und das nicht nur kraft ihrer beispiellosen Energie, sondern vor allem durch ihren Mut und durch die psychologische Einfühlungsgabe der Bevölkerung gegenüber, deren Durchhaltewillen sie unermüdlich anfeuerten.

Das brachte die Sowjets in Wut und Harnisch; sie versuchten, diese geschlossene Front aufzubrechen. So luden sie z. B. die Belagerten ein, in den Ostsektor zu kommen, sich dort in Listen einzutragen, um daraufhin von dort bessere und kräftigere Ernährung zu erhalten. Von 2,2 Millionen Westberlinern kamen lumpige 15000 Menschen, und auch die stellten in Kürze fest, daß die vom Osten gebotenen Lebens-

mittel bei weitem dürftiger und schlechter waren als die Luftbrückenernährung.
Die Zulieferung an Nahrungsmitteln wurde ständig gesteigert. Schließlich landete aus der Bundesrepublik kommend pro Minute ein Flugzeug in Berlin. – Unter freiwilliger Mitwirkung der Berliner wurde in Tegel ein neuer Flugplatz gebaut; und so gab es schließlich im ganzen drei Landemöglichkeiten in der Stadt. Zum größten Problem gehörte die Heranschaffung von Kohle und von nötigen Industrieprodukten. Wegen der ständigen Knappheit durfte die Bevölkerung täglich nur zwei Stunden Gas und Strom benutzen; außerdem mußten 4600 Betriebe schließen und weitere 6500 zu Kurzarbeit übergehen. Alles das war eine unerhörte Zumutung für die Bevölkerung. Doch da die Berliner wußten, daß es hier um das Wichtigste im Leben ging, nämlich um die Freiheit, ließen sie sich in ihrer Standhaftigkeit nicht erschüttern.
Diese Haltung ging den Kommunisten auf die Nerven, und so griffen sie zu einer massiven Provokation. Sie stürmten das im Ostsektor gelegene Berliner Rathaus und verhafteten 43 Polizeibeamte aus den Westsektoren, die bei dem Überfall versucht hatten, das Rathaus zu schützen. Als Antwort auf diese Infamie rief Oberbürgermeister Ernst Reuter zu einer Demonstration auf. Seinem Ruf folgten 200000 Menschen, eine schier unübersehbare Menge. Sie versammelten sich vor der Ruine des ehemaligen Reichstages zu dieser überwältigenden Protestkundgebung.

Im Mai 1949 endete die Blockade. Stalin hatte die Schlacht um Berlin verloren. – Eine weitere Niederlage erlitt der Tyrann, als durch die Verkündigung des Grundgesetzes die Bundesrepublik Deutschland entstand.

## 26. Kapitel

# Als Zeugin nach Paris

Der Brief mit der Aufforderung, ich solle mich umgehend in der Zeppelinallee einfinden, war auf Französisch abgefaßt. Erst jetzt nahm ich zur Kenntnis, daß es wieder ein französischer Konsulat in Frankfurt gab; und eben dort sollte ich erscheinen.
Es mußte etwas Dringendes sein, und so machte ich mich, schon wegen der langen Fahrt von Schwanheim nach Frankfurt, gleich auf den Weg, nicht ahnend, daß ich erst nach einer längeren Zeit wieder nach Hause zurückkehren würde.
Der Herr, der mich im französischen Konsulat empfing, war zwar höflich, doch aus mir unerklärlichen Gründen übernervös. Ich nahm an, mein miserables Französisch rege ihn derart auf. Aber nein. Er hatte es nur sehr eilig. Weshalb, erfuhr ich erst später. Seine Amtshandlung bestand darin, mir ein wichtiges Schriftstück zu überreichen, in dem es hieß, daß ich als Zeugin im Prozeß, den Monsieur Victor Kravtschenko gegen Monsieur Claude Morgan, Directeur du Journal »Les Lettres Françaises« führt, am Dienstag, dem 22. Februar 1949, im Palais de Justice in Paris zu erscheinen hätte.
Noch bevor ich diese Nachricht in ihrer ganzen

Tragweite ausgekostet hatte und die Frage stellen konnte, wie ich denn nun nach Paris kommen würde, drängte mich der nervöse Herr in Richtung Tür und beschwor mich, unverzüglich ins »Carlton-Hotel«, das am Hauptbahnhof läge, zu gehen, da ich bereits erwartet würde.
»Was soll ich denn dort? Das ist doch ein amerikanisches Hotel!«
Und ich erhielt wiederum die mysteriöse Antwort: »Gehen Sie dorthin. Man erwartet Sie bereits ...«

*

Im Vestibül des »Carlton-Hotel« wimmelte es von Menschen. Welcher Unbekannte würde mich denn in diesem Gewühl finden? Was soll überhaupt das ganze Theater? Doch schon stand ein junger Mann vor mir, verbeugte sich und sagte: »George«. Er sprach amerikanisches Englisch, führte mich zu einem kleinen Tisch, an dem eine Dame mittleren Alters saß und mich freundlich bat, Platz zu nehmen. Ohne Umschweife kam »George« aufs Thema: Höchste Eile sei nötig, denn ich hätte noch heute nach Paris zu fahren, weil bereits morgen meine Zeugenaussage beim Kravtschenko-Prozeß erfolgen sollte.
»Aber wann fährt denn ein Zug nach Paris?« wollte ich wissen.
»In anderthalb Stunden«, war »Georges« Antwort.
»In so kurzer Zeit komme ich nicht nach Schwanheim und mit dem Koffer wieder zurück nach Frankfurt ...«

»Könnten Sie nicht jemand in Schwanheim anrufen, der Ihnen den Koffer hierher bringt?« war »Georges« guter Einfall.
Schon nach einer Stunde erschien meine Schwester Babette mit dem Koffer, wünschte mir viel Glück und legte mir ans Herz, alle alten Freunde in Paris zu grüßen. Danach verabschiedete sich die Dame mittleren Alters, und kurz darauf war es Zeit, zum Bahnhof zu gehen. »George« überreichte mir Fahrkarte und Schlafwagenkarte Frankfurt-Paris und nannte mir den Bahnsteig, auf dem der Zug abfahren würde. Zum Abschied wünschten wir uns ein baldiges »Auf Wiedersehen«.

*

Daß es sich nicht um einen gewöhnlichen Zug Frankfurt-Paris handelte, hätte ich eigentlich merken müssen, aber mein ganzes Interesse konzentrierte sich auf die Dame, mit der ich gerade noch im Hotel zusammengesessen hatte. Ich erblickte sie in der Ferne auf dem Bahnsteig und nahm natürlich an, sie wolle nach Paris fahren. Wie sollte ich denn auf den Gedanken kommen, daß sie nur zu meiner Beobachtung dort stand? Ich stellte den Koffer ins Abteil und lief, um sie zu begrüßen. Aber sie war spurlos verschwunden . . .
Über die Tatsache, daß alle Mitreisenden auf dem Gang englisch sprachen, wunderte ich mich nicht. Denn wer konnte sich in diesen Zeiten schon eine Reise nach Paris leisten?
Ich hatte das Schlafwagenabteil für mich allein und

konnte nun in Ruhe überlegen, was da auf mich zukam. Victor Kravtschenkos »Ich wählte die Freiheit« las ich in Schweden. Es war ein gutes Buch. Daß die Kommunisten der ganzen Welt versuchen würden, den Verfasser in jeder noch so infamen Weise als unglaubwürdig zu diffamieren, daran war nicht zu zweifeln. Kravtschenko hatte sich also zur Wehr gesetzt und die kommunistische Zeitschrift »Les Lettres Françaises« als Verleumder verklagt. Auf jeden Fall war es ein erstaunliches Unterfangen.
Nach der Fahrkartenkontrolle lege ich mich schlafen und placiere meinen Paß griffbereit für die nach meiner Berechnung mitten in der Nacht stattfindende Grenzkontrolle . . . Als ich erwachte, dämmerte bereits der Morgen. Eigentlich mußten wir doch längst die französische Grenze passiert haben! Aber weshalb ist keine Paßkontrolle gewesen?
Ich sprang aus dem Bett, blickte durchs Fenster, und die Aufschriften in französischer Sprache bestätigten meinen Verdacht. Ich befand mich in einem amerikanischen Militärzug, und für den gab es, soweit es sich um Alliierte handelte, offenbar keine Grenzen.

*

Wir nähern uns Paris. Das Herz klopft schneller. – Das letzte Mal war ich im Jahre 1935 dort gewesen als eine paßlose, gehetzte Emigrantin. Nun aber sollte ich die Stadt erleben als ein freier Mensch! Kaum auszudenken!
Wir fahren in den Gâre St. Lazare ein. Auf meiner Zeugenladung ist eine Adresse angegeben: Hotel

Saint Romain in der Rue Saint Roch. Das wird sich schon finden lassen. – Gleich hinter der Sperre kommt eine Frau auf mich zu: »Madame Bübère?« Sie führt mich zu einem Auto. Wir erreichen die Rue Saint Roch, ich bedanke mich für den Empfang und denke: Alle Achtung!

Dann stehe ich in einem typischen französischen Hotelzimmer mit seiner schmuddeligen Blumentapete, dem verschnörkelten Kronleuchter vom Anfang des Jahrhunderts und dem überdimensional breiten Bett.

Doch schon habe ich das Telefon entdeckt, suche mein Notizbüchlein, finde die Adresse und drehe die Nummer, ohne zu ahnen, welche Folge diese Übereile haben sollte. – Es meldet sich Anise. In Ravensbrück hieß sie mit Mädchennamen Girard, jetzt aber verheiratete Postel-Vinay. Ein wildes Begrüßungsgeschrei beginnt: »Wo bist du?! Kann ich gleich zu dir kommen? Darf ich dich holen? In zehn Minuten bin ich da!«

Meine Pflichten als Zeugin hatte ich gänzlich vergessen; packte nur noch schnell den Koffer aus, rannte die Treppe hinunter und flitzte durchs Vestibül. Ein Miniauto landete gerade vor der Tür des Hotels. Es war Anise.

*

Verzweifelt wühle ich in meinem sonst so guten Gedächtnis und stelle mit Schrecken fest, daß ich alt werde. Mir ist völlig entfallen, wann eigentlich meine Freundschaft mit Anise angefangen hat. Es war

doch ganz ungewöhnlich, daß wir überhaupt zusammenkamen, uns in Ravensbrück unter Zehntausenden von Frauen getroffen haben!
Sie war eine zwanzigjährige Französin und erst kurze Zeit im Lager; ich eine Deutsche über vierzig, die schon viele Jahre KZ hinter sich hatte. Wenn wir wenigstens in der gleichen Baracke »gewohnt« hätten! Doch Anise hauste im Block der Französinnen und ich zu jener Zeit – wenn ich mich nicht irre – in einer Baracke des sogenannten Industriehofes, denn mein Arbeitsplatz befand sich in der SS-Schneiderei I. – Vielleicht aber hatte sie von meinem etwas ungewöhnlichen Schicksal gehört und mich deshalb aufgesucht? Das wäre möglich ...
Anise, eine große, schlanke Blonde, wirkte besonders jugendlich, weil sie sich wie ein Backfisch bewegte und eine auffallend helle Stimme hatte. Ihre Freundin, oder mehr als das, ihre Schutzbefohlene, hieß Germaine Tillon und war vor der Verhaftung durch die SS Direktorin des Ethnologischen Museums in Paris gewesen. Germaine, klein, nervös und kribbelig, hätte Anises Mutter sein können. Sie war ungefähr so alt wie ich, aber im Gegensatz zu mir nicht fürs KZ-Dasein geeignet. Ihr fehlte die nervliche und körperliche Kraft dazu.
Einmal sagte Anise seufzend: »Weshalb mußte ich mich ausgerechnet mit einer Schildkröte befreunden?« Germaine konnte nicht schnell laufen, geschweige denn rennen. Und gerade das wurde von den Häftlingen ständig gefordert. Hatte die Sirene zum »Antreten« geheult, faßte Anise ihre Germaine

sofort unter und zog sie im Schnelltempo mit sich über die Lagerstraße, um zu verhindern, daß die Freundin zu spät käme, denn dann setzte es Gebrüll und Backpfeifen.
Germaine entfaltete sich zu einer wahren Künstlerin, wenn sie Zuhörer hatte, und ich war einer der neugierigsten, was allerdings Gefahren in sich barg, denn als Deutsche durfte ich die Baracken der Französinnen gar nicht betreten. Doch solche Probleme wußten wir zu lösen: Ich stieg von außen durchs Fenster der ebenerdigen Baracke in den Schlafraum ein, kletterte auf eine Pritsche im dritten Stock, wo Germaine bereits auf dem Strohsack hockte. Sie erzählte von ihren Abenteuern. Ort der Handlung war stets ein Gebirge im Norden Afrikas, wo sie längere Zeit gelebt hatte, um die Sitten eines kleinen Bergvolkes zu studieren.

*

Anise fährt mit mir durch Paris. Schon der andersartige, der so typische Straßenlärm in dieser Stadt wirft mich zurück in die Vergangenheit. Und dann beim Hinausblicken überschwemmt mich das Glücksgefühl: Jetzt bin ich ein freier Mensch! – Wir halten vor einem vornehm aussehenden Haus, kommen in eine Wohnung mit schönen, großen, besonders hohen Zimmern, in der es fast keine Möbel gibt.
André und Anise mit Söhnchen Olivier sind ein wunderbares Elternpaar. Ihr Glück, leben und lieben zu dürfen, ist geradezu ansteckend. In ihrer Gegenwart scheint mir die ganze Welt harmonisch zu sein.

Anise und André haben offenbar etwas gegen meine Ladung als Zeugin. Zuerst rücken sie noch nicht mit ihrer Meinung heraus, sondern unterrichten mich erst einmal ausführlich über die Sensationen von Paris. Neu für mich ist, daß der Kravtschenko-Prozeß schon seit Wochen im Gange ist, daß man sogar aus Moskau in ihn eingegriffen und fast ein halbes Dutzend russischer Zeugen nach Paris geschickt habe. – Vor Staunen reiße ich den Mund auf: »Aus Moskau?! Was wollen sie denn mit denen? Hier geht es doch um einen Verleumdungsprozeß! – Wie können denn Zeugen aus Sowjetrußland die wegen Verleumdung angeklagten Redakteure der ›Lettres Françaises‹ entlasten?«
Meine Einwände bringen Anise zum Lachen: »Ganz einfach! Die haben keine andere Aufgabe, als Kravtschenko zu belasten.« – »Aber wie?« – »Einer wie der andere – es war übrigens auch eine ehemalige Frau von ihm dabei, die Kravtschenko angeblich verlassen hatte, als sie schwanger war – machen aus ihm eine Art Ungeheuer. Das Ganze ist, ehrlich gestanden, widerwärtig. Aber weißt du, dieser Kravtschenko ist auch ein schwieriger Mensch. Er hat sich die Sympathien der Pariser schon ganz und gar verscherzt. Natürlich ist es verständlich, daß er sich gegen solche Aussagen zur Wehr setzt. Aber wie er das macht! Er tobt, rast gegen die Zeugen und brüllt durch den Gerichtssaal. Alle Versuche seiner Anwälte, ihn zu beschwichtigen, haben keinen Erfolg.«
Ich versuche, Kravtschenko zu verteidigen: »Soll er etwa nicht wütend sein, wenn die aus Moskau mit

Lügen aufwarten? Und das nach allem, was er hinter sich hat? Man muß doch nur das Buch gelesen haben. – Ob er seine schwangere Frau wirklich verlassen hat und ob es weiteres Mieses in seinem Privatleben gab, weiß ich natürlich nicht. Aber in diesem Prozeß geht es doch um etwas ganz anderes, es geht um das, was Kravtschenko über die mörderischen Zustände in Sowjetrußland schreibt. Und eben das ist die Wahrheit, die Moskau mit allen Mitteln unterdrücken will . . . «

Anise und André, die weder jemals Kommunisten gewesen waren noch Sowjetrußland aus eigener Anschauung kannten, hatten, was die Zustände in diesem Land betraf, weder die gleiche Kenntnis noch die gleiche Einstellung wie ich. Dazu war ja auch ihre politische Entwicklung ganz anders verlaufen als ehemals die meine. Ihre Einstellung hatte sich während des Krieges und der Besetzung Frankreichs durch die Naziarmee vollzogen, und dazu kam das Wesentliche: Beide wurden von der SS verhaftet und kamen ins KZ.

So waren wir, was die Beurteilung der sowjetrussischen Wirklichkeit betraf, verschiedener Meinung. Auch über Kravtschenko war ich nicht bereit, den Stab zu brechen. Und so wollte unsere Diskussion kein Ende nehmen. Irgendwann sah ich auf die Uhr. Es war bereits gegen Mitternacht. »Anise, bitte, bringe mich jetzt zurück ins Hotel. Es ist schon reichlich spät . . . «

*

Der Portier hinter dem Empfangstisch im Vestibül des Hotel Saint Romain starrte mich an, als sei ich ein Gespenst. Dann überschüttete er mich mit einem Schwall Französisch, das sehr nach Beschimpfung klang. Ich entnahm dieser Kaskade von Worten, daß man mich, nachdem ich verschwunden sei, durch die Polizei habe suchen lassen, in der Annahme, ich sei von den Kommunisten verschleppt worden ... Ich dachte: Die machen aber hier ein Theater. Das grenzt ja schon an Hysterie! Diese Meinung behielt ich aber vorsichtshalber für mich, denn wie ich nun erfuhr, war der Portier für die Sicherheit der Zeugen verantwortlich. Er machte mir klar, daß jeder Gast sich nicht nur bei ihm abzumelden habe, sondern auch angeben müsse, wohin er sich begebe.

## 27. Kapitel

# Der Kravtschenko-Prozeß

Es schlief sich wunderbar im Hotel Saint Romain. Nur leider zu kurz, denn schon in aller Herrgottsfrühe weckte man mich. Ein junger Mann mit glänzend gestriegelten Haaren stand vor der Tür, stellte sich als »Le Secrétaire du Monsieur Kravtschenko« vor und bat mich, in spätestens einer halben Stunde im Zimmer Nr. 16 zu erscheinen.
Schon am entgegengesetzten Ende des Korridors hörte man ein lautes Durcheinander von Stimmen, die aus dem Zimmer Nr. 16 drangen. Ich klopfte. Ein vielstimmiges »Moshno!« (Herein!) ertönte, und als ich eintrat, begrüßte mich der ganze Verein mit einem lauten »Drasdje!« (Guten Tag!) Die Anwesenden, fünf oder sechs jüngere Männer, hielten es offenbar für selbstverständlich, daß ich auch eine Russin sei. Meine Erklärung, ich sei eine Deutsche, brachte sie außer Fassung. Was suchte denn so eine als Zeugin beim Kravtschenko-Prozeß?
Das fragten sie mich dann auch. Erst als ich in meiner Erläuterung bis zum Satz gekommen war: »Und dann wurde ich vom NKWD verhaftet und ins Lager Karaganda transportiert . . . «, brach das Eis. Und es folgte die typische russische Verbrüderung, mit

Umarmung, Küssen und tränenumflorten Augen. Alle Anwesenden hatten das Gleiche hinter sich. Aber wie sahen diese Armen bloß aus! Häßliche Anzüge, nicht passende Hemden, unmögliche Krawatten und komische Militärschuhe. Man hatte sie aus der Bundesrepublik, wo sie in speziellen Lagern für »displaced persons« lebten, als Zeugen für den Kravtschenko-Prozeß ausgewählt und extra für diesen Zweck eingekleidet. – Wir tranken Tee, wir lachten und rauchten, bis das Zimmer blau war. Erst als der Sekretär Kravtschenkos eintrat, bemerkte ich, daß an Zimmer 16 ein Nebenraum angrenzte, offenbar eine Art Büro, und dorthin bat man mich zu kommen.

Kravtschenko saß hinter einem Tisch und begrüßte mich gemessen freundlich. Ohne Übergang wollte er wissen, ob ich meine Zeugenaussage bereits schriftlich niedergelegt hätte. »Wozu denn das?« wollte ich wissen. »Seit wann muß ein Zeuge seine Aussagen aufschreiben? Was ich dazu zu sagen habe, kann ich auswendig.«

Als Kravtschenko, nun schon in leicht gereiztem Ton, auf seiner Forderung bestand, wandte ich freundlich ein, um ihn zu beruhigen: »Machen Sie sich keine Sorgen! Das Thema ist mir völlig vertraut, ich habe doch ein Buch darüber geschrieben ...«

Nach diesem Satz hatte ich einen veränderten Kravtschenko vor mir. Mit scharfer Stimme fragte er mich: »Ein Buch? Wo ist das Buch? – »In meinem Hotelzimmer. Wollen Sie es gern lesen?« – »Bitte, bringen Sie es mir sofort hierher.« Bei diesem Ton stiegen häßliche Gefühle in mir hoch. Ich erhob mich betont langsam, ging und trödelte eine ganze Weile auf der Treppe herum. Schließlich kam ich mit dem Buch zurück – es war die deutsche Ausgabe von »Als Gefangene bei Stalin und Hitler«. Ich reichte es Kravtschenko.

Er schlug es auf und tat so, als lese er darin. Dann aber klappte er es hörbar zu und sagte in autoritärem Ton: »Über dieses Buch darf während des Prozesses nicht gesprochen werden.« Nun war es mit meiner Beherrschung zu Ende, und ich keifte ihn an: »Glauben Sie etwa, ich sei nach Paris gekommen, um für mein Buch Reklame zu machen? Das habe ich nicht nötig!« Er aber, so als habe er mich gar nicht angehört, schob mein Buch langsam bis zur Tischkante, ließ es dann – allerdings festhaltend – über den Rand hinunterfallen und sagte: »Dieses Buch muß während des Prozesses unter den Tisch fallen!« Mir verschlug es die Sprache. Ich griff nach dem Buch, stand auf und verließ wortlos den Raum.

Nach einigen Minuten kam der Sekretär an mein Hotelzimmer und bat mich betont höflich, doch eine schriftliche Zusammenfassung meiner Aussage niederzulegen, denn das wäre nötig, um Wiederholungen zu vermeiden. Dann teilte er mir noch mit, ich müßte bereits am nächsten Tag als Zeugin vor Gericht erscheinen. Man würde mich mit einem Auto aus dem Hotel abholen.

*

Eine dicke Menschenschlange windet sich die breite,

pompöse Freitreppe hinauf, die zum Haupteingang des Palais de Justice führt. Es ist das Publikum. – Kravtschenkos Sekretär geleitet mich durch viele Gänge zum Zeugenstand.
Aber was soll denn das sein? Zeugen sind doch keine Häftlinge! Weshalb sperrt man mich hinter ein Holzgitter, allerdings ein schön gedrechseltes, und läßt mich von einem Polizisten bewachen? – Tja, andere Länder, andere Sitten. Sollte das etwa ein Überbleibsel der Französischen Revolution sein?
Zwei weitere Zeugen sind bereits anwesend. Eine freundlich, mütterlich aussehende ältere Frau und ein hübscher junger Mann. Nach Überwinden des ersten Schocks fühle ich mich in diesem Zeugenstand wie in einer Art Theaterloge. Man kann den Gang überblicken, sieht die Richter oder Anwälte in ihren Talaren durch die Gegend schweben und wird ungewollt in die Atmosphäre dieses geschichtsträchtigen Hauses hineingezogen. Da fällt mein Blick auf eine ungewöhnlich kleine, schmucklose Tür an der Seitenwand unseres Käfigs.
»Wohin führt denn diese seltsame Tür?« frage ich meine freundliche Nachbarin, in die Richtung zur Wand deutend.
»In den Gerichtssaal natürlich.« Sie spricht ein etwas altertümliches Deutsch. »Ich war gestern schon den ganzen Tag hier, bin aber nicht drangekommen. Meine Nerven sind heute noch kaputt. Sobald sich diese kleine Tür öffnet, werden Sie nachher, wenn die Verhandlung angefangen hat, das Geschrei und Gelächter hören.«

»Geschrei? Wer schreit denn da?«
»Natürlich das Publikum. Die einen, die Kommunisten, versuchen jeden Zeugen Kravtschenkos niederzubrüllen ... Die anderen lachen alle kommunistischen Zeugen aus.«
»Aber werden die Krachmacher dann nicht aus dem Gerichtssaal gewiesen?«
»Das schon! Monsieur Durkheim, der Präsident, läßt nicht mit sich spaßen. Aber haben Sie nicht die lange Schlange auf der Freitreppe gesehen? Die einen fliegen raus aus dem Gerichtssaal und die anderen kommen rein ...«
Das sind ja schöne Aussichten!
Die nette Alte, eine ehemalige Lehrerin, hat, wie sie mir erzählt, bald nach der Oktoberrevolution Rußland verlassen und sich in Frankreich, ihrem Emigrationsland, mit Sprachunterricht den Lebensunterhalt verdient. Sie kramt aus ihrer Tasche eine Tüte mit Mandarinen, und echt russisch – überschwenglich vor Gastfreundschaft – muß ich, ob ich will oder nicht, alles mit ihr teilen. Später versucht sie, mir auch noch Beruhigungstabletten aufzunötigen, denn ich wüßte ja gar nicht, was mir, als einer Deutschen, bevorstände! Das Publikum würde doch nur noch »Sales Boches!« brüllen. »Und dabei werden Sie ganz bestimmt die Nerven verlieren ...«
Als sie feststellt, daß es mit meinem Französisch nicht weit her ist, fragt sie: »Haben Sie eigentlich um einen Dolmetscher gebeten?« – Daran hatte ich überhaupt nicht gedacht. Die Lehrerin läßt sofort einen Gerichtsdolmetscher herbeirufen, und mit ihm ei-

nige ich mich auf eine sehr sympathische Methode: Er sollte nicht Satz für Satz übersetzen, sondern jeweils einen in sich geschlossenen Absatz.
Der Dritte im Käfig ist Victor Fedonek, ein junger, russischer Seeoffizier, der bei einem Aufenthalt seines Schiffes in Gibraltar die günstige Gelegenheit benutzte, um in die Freiheit zu fliehen. Auch er wird von der alten Lehrerin bemuttert, und, im Gegensatz zu mir, leistet er gegen Beruhigungstabletten keinen Widerstand. Schließlich ist es soweit! Der junge Seeoffizier wird aufgerufen und verschwindet durch die kleine Tür.
Die Lehrerin will wissen, daß die vielen Zeugen, die bereits für Kravtschenko aussagten, leider immer dasselbe erzählt hätten. – Kein Wunder, denke ich mir. Jeder von ihnen wurde irgendwann vom NKWD verhaftet, kam ins Gefängnis, dann in ein Lager, und dort erlebten alle die gleichen Schrecken. Doch diese Mitteilung bringt mich auf einen guten Gedanken: Vielleicht würde es mir bei der Zeugenaussage gelingen, mit der politischen Vorgeschichte der Tragödie zu beginnen und erst anschließend von den Erlebnissen im Lager zu sprechen, und das möglichst nur in großen Zügen.
Jetzt kommt die russische Lehrerin an die Reihe. Sie ist bleich und atemlos. Offenbar haben ihr die Beruhigungstabletten auch nicht geholfen. Aber sie spricht französisch wie ihre Muttersprache, und das macht alles sehr viel einfacher.

*

Man ruft meinen Namen. Beim Eintreten in den Saal übersehe ich vor Aufregung die Eisenstange, an der der Zeuge zu stehen hat, und strebe dem Mittelgang zu. Jemand führt mich freundlich, aber mit Nachdruck an die »barre« zurück. Nach dem Schwur »Je jure de dire la vérité«, ergreift der Anwalt Kravtschenkos, Maître Izard, das Wort und stellt mich, zu meinem Entsetzen, dem Gericht und dem Publikum als »Tochter Martin Bubers« vor. – Was soll ich tun?! Darf ich Maître Izard korrigieren, ihm zurufen, ich sei nur seine Schwiegertochter gewesen? Nein, so etwas ist vor Gericht unmöglich. Und deshalb nehme ich es mit Schweigen hin. Aber das sollte sich später als ein Fehler herausstellen. Denn das verschaffte der kommunistischen Meute die Möglichkeit, mich als unglaubwürdig zu diskreditieren.
In einer französischen Zeitung trägt der Artikel, der von meiner Zeugenaussage berichtet, die pompöse Überschrift »Le Coup de Grâce« (Der Gnadenstoß). Das ist eine typische journalistische Übertreibung. Doch während des Sprechens merke ich, welche der von mir geschilderten politischen Ereignisse man im Gerichtssaal als sensationell empfand, weil es dann von allen Seiten blitzte, die Pressefotografen in Aktion traten.
Einige Male im Laufe meiner Ausführungen wandte ich mich an den Präsidenten, an Monsieur Durkheim, und schlug ihm vor, meine Aussage zu beenden, da doch die meisten Zeugen, die für Kravtschenko gesprochen haben, Ähnliches berichtet hätten wie ich. Jedesmal antwortete der Präsident:

»Bitte setzen Sie Ihre Aussage fort.«
Erstaunlich war die absolute Ruhe im Gerichtssaal. Was mir die russische Lehrerin vorausgesagt hatte, trat nicht ein. Niemand schrie »Sales Boches!« Niemand lachte höhnisch. Niemand beschimpfte mich als »Konterrevolutionär« oder »Trotzkist«. Das war schon ungewöhnlich. Dabei dauerte meine Aussage gegen zwei Stunden, was mir, offengestanden, erst hinterher bewußt wurde.

In mehr oder weniger gekürzter Form, mit mehr oder weniger Fehlern, die meist durch die Übersetzung entstanden, erschien der Inhalt der Zeugenaussage nicht nur auf den Titelseiten vieler Pariser Blätter, sondern auch in den großen Zeitungen der westlichen Welt.

In dem in München erscheinenden »Echo der Woche« konnte man am 4. März 1949 folgendes lesen: »Trotz seiner bereits vierwöchigen Dauer steht der Pariser Prozeß um Victor Kravtschenko, den Autor des Tatsachenberichtes ›Ich wählte die Freiheit‹, nach wie vor im Brennpunkt des Interesses. Eine ausgesprochen sensationelle Wirkung hatte die Zeugenaussage der Frau des früheren deutschen Kommunistenführers Heinz Neumann, Margarete Buber-Neumann, über das grauenhafte Schicksal deutscher antifaschistischer Emigranten in der Sowjetunion und ihre Auslieferung an die Gestapo.

Der Prozeß, den der Schriftsteller Kravtschenko gegen die Redakteure der kommunistischen literarischen Wochenschrift ›Les Lettres Françaises‹, Claude Morgan und André Wurmser, als privaten

Beleidigungsprozeß angestrengt hat, entwickelte sich vom ersten Tage an über den Rahmen eines privaten Prozesses hinaus zu einer rein politischen Diskussion . . .
Während sich die Verteidigung der ›Lettres Françaises‹ in kleinlichsten persönlichen Diffamierungen Kravtschenkos erschöpfte, wurden die Zeugenaussagen ohne besondere Regie der Anklage zu einem Aufruf an das Gewissen der Menschen. Die Bekundungen der ukrainischen Zeugen, die schlicht ihre Leidensgeschichte schilderten, waren so eindrucksvoll, daß nicht einmal die Verteidigung es wagen konnte, diese Zeugen in ihrer sonst üblichen anmaßenden Art zu unterbrechen.
Die eigentliche Sensation, die auch in der Auslandspresse unter stärksten Schlagzeilen hervorgehoben wurde, bildete aber die Aussage von Frau Buber-Neumann, der Verfasserin des aufsehenerregenden Buches ›Als Gefangene bei Stalin und Hitler‹.
Eine Pariser Zeitung brachte ihren Bericht unter dem Kennwort: ›Der Gnadenstoß‹ und hat damit wohl die Situation am besten beleuchtet. Frau Buber-Neumann, die eigens zu dieser Verhandlung nach Paris gekommen war, machte ihre Aussage in deutscher Sprache. Erschüttert und in tiefem Schweigen folgte der Saal ihren Ausführungen, die sich weitgehend an die Tatsachen hielten, die Frau Buber-Neumann in ihrem Buch geschildert hatte.
Die Frau und ihr Mann, der frühere deutsche Kommunistenführer Heinz Neumann, . . . wurden 1937 in Moskau vom NKWD verhaftet. Heinz Neumann

dürfte nicht mehr am Leben sein. Frau Buber-Neumann wurde vom NKWD verurteilt und in ein Konzentrationslager verschleppt. Nichts hat soviel Erbitterung hervorgerufen wie die sensationelle und im Gerichtssaal nicht widersprochene Angabe, daß die Russen sie mit zwanzig anderen Frauen 1940 der Gestapo auslieferten...
Die Schilderung von Frau Buber-Neumann, wie sie über die berühmte Brücke von Brest-Litowsk, wo auf der einen Seite die Rotarmisten und auf der anderen die Gestapoleute standen, getrieben wurden, ist durch andere Ausgelieferte ergänzt worden...
Die Aussagen der Frau Buber-Neumann sollten all denen Stoff zum Nachdenken geben, die heute glauben, um einer Idee oder um persönlicher Vorteile willen für den Sieg der kommunistischen Diktatur kämpfen zu müssen.«

*

Schon allein die Tatsache, daß dieser Prozeß, in dem zwei Redakteure der kommunistischen Zeitschrift »Les Lettres Françaises« vom Privatmann Kravtschenko der Verleumdung bezichtigt worden waren, sich fast zwei Monate lang hinzog, läßt erkennen, daß es hier entweder von Anfang an oder erst durch Aussagen und den Aufmarsch Dutzender von Zeugen um etwas ganz anderes ging, um etwas viel Schwerwiegenderes.
Den Machthabern in Moskau war es nicht möglich, dieses Verfahren, das ja in Paris über die Bühne ging, in ihrem Sinne zu entscheiden. Für kommunistische

Rechtsbegriffe hatte Victor Kravtschenko allein durch seinen Absprung, allein durch die Tatsache, daß er in den USA »die Freiheit wählte«, ein Todesurteil verdient. Den Genickschuß konnte das NKWD ihm aber nicht verpassen, solange sie seiner nicht habhaft wurden. Deshalb strebte Moskau offenbar etwas anderes an: Man wollte diesen Prozeß in einem freien Lande dazu benutzen, um über den »verfaulenden Kapitalismus« ein Todesurteil zu fällen.

Dazu bot man eine beträchtliche Anzahl von kommunistischen Zeugen aus den westlichen Ländern auf und importierte aus der UdSSR fünf gut präparierte Sowjetbürger. Diese sollten nicht nur die Verleumdungen der »Lettres Françaises« in hieb- und stichfeste Wahrheiten umfälschen, sie hatten auch die Aufgabe, alle Kommunisten als schlechthin unantastbare, edle Kämpfer für eine bessere Welt darzustellen; Victor Kravtschenko dagegen als das düstere Pendant zu diesen zukunftsträchtigen Lichtgestalten. Er sei, wie stereotyp posaunt wurde: ein Landesverräter, ein Lügner, ein Söldling, ein Spion, ein Trunkenbold und Spieler, also eine verächtliche Ausgeburt des absterbenden Kapitalismus, ein Unhold, den seine perversen Leidenschaften und seine Verkommenheit in die Arme amerikanischer Agenten getrieben haben. Unter deren Einfluß sei er dann bereit gewesen, seinen Namen unter ein Buchmanuskript zu setzen, das nicht er verfaßte, sondern das von den Sowjetfeinden hergestellt wurde.

Das war die offizielle Moskauer Version, an der

kaum einer zu zweifeln wagte und die den ununterrichteten Bürgern der UdSSR auch deshalb einleuchtete, weil es doch diesem Kravtschenko in seiner Heimat so gut gegangen war wie nur wenigen! Kaum 40jährig hatte er bereits eine blendende Karriere gemacht und zum Kreis der Privilegierten gehört. Es standen ihm alle kapitalistischen Schätze zur Verfügung, die man in Sowjetrußland großzügig an die hohen Parteifunktionäre zu verteilen pflegt, und zwar damals genauso wie heute.

*

Wie man aus Unschuldigen Schuldige macht, gehört seit 60 Jahren zur gekonnten Praxis sowjetrussischer Rechtsprechung. Man zwingt den unschuldigen Angeklagten durch eine Mischung von grotesken Anschuldigungen, wobei unter Druck gesetzte Zeugen eine wesentliche Rolle spielen, sowie durch Folter jeder Art, Verbrechen einzugestehen, die er nie begangen hat. Mit dieser Methode bringt man den schuldlosen Angeklagten schließlich dazu, über sich selber das Todesurteil zu sprechen.

*

Der uniformierte, ordensgeschmückte Sowjetgeneral Rudenko, den man aus Moskau per Flugzeug nach Paris gebracht hatte, begann seine Zeugenaussage für die kommunistische Zeitschrift »Les Lettres Françaises« mit einem Großangriff auf Victor Kravtschenko. Er beschimpfte ihn als Vaterlandsverräter und als Kriegsverbrecher; und da er als Offizier auch noch

seinen Eid gebrochen habe, sei er schlechthin ein gemeiner Verbrecher und müsse deshalb vor ein Tribunal der Sozialistischen Sowjetrepubliken gestellt werden.
Es sei beispiellos in der Geschichte der Justiz, fährt er fort, daß ein Deserteur, daß ein Vaterlandsverräter und gemeiner Verbrecher nicht etwa als Angeklagter vor Gericht erscheint, sondern als Kläger. – »Ich erachte es als meine Pflicht«, deklamiert Rudenko, »angesichts der gesamten demokratischen Menschheit daran mitzuhelfen, daß das Gericht die Wahrheit herausfinden werde und zu einem gerechten Urteil gelange ... «
Tja, Genosse Rudenko hat seine Lektion gut auswendig gelernt. Noch läuft die Platte ab, ohne zu kratzen ... Einigen Anwesenden im Palais de Justice schnürt es jedoch langsam die Kehle zu. Sie erinnern sich bei diesem Vokabular und beim Tonfall, mit dem Rudenko seine Aussage herunterleiert, an die Atmosphäre des Grauens während der Schauprozesse im Moskauer Kolonnensaal.
Doch dieser atemraubende Spuk währt im Pariser Gerichtssaal nur kurze Zeit. Dafür sorgt Victor Kravtschenko durch wilde Zwischenrufe. Er schreit in den Saal: »Sie lügen auf eine empörende Weise! – Sie wissen genau, daß das alles Lüge ist!« Und langsam beginnen auch nichtkommunistische Zuhörer unter dem Publikum, Partei gegen den phrasendreschenden Sowjetgeneral zu ergreifen. Sie lassen ihrem Unwillen durch lauten Protest freien Lauf, so daß der Präsident des Gerichtes sie zur Ordnung ru-

fen muß. Vielen im Gerichtssaal bleibt es unerfindlich, was man sich in Moskau vom Auftreten dieser Sowjetzeugen eigentlich versprochen hat. Auf alle, die keine Kommunisten sind, wirken deren Aussagen, in denen eine Lüge auf die andere gehäuft wird und die ohne jede Spur von persönlicher Anteilnahme oder gar Überzeugung vorgebracht werden, wie eingelernte Rollen. An einem mangelt es den Moskauer Drahtziehern auf alle Fälle: Sie haben keine Ahnung, wie diese Roboter-Zeugen auf ein nichtkommunistisches Publikum, auf eine freie Presse und vor allem auf den Gerichtshof eines freien Landes wirken.

*

Erst nach meiner Abreise aus Paris erfuhr ich, daß es eine erschütternde Parallele zum Kravtschenko-Prozeß gegeben hat. In den gleichen Monaten des Jahres 1949 saßen in Budapest ungarische Kommunisten zu Gericht über Kardinal Mindszenty, den Fürstprimas von Ungarn. Der unschuldige Angeklagte, der – wie allgemein bekannt war – die körperliche und moralische Standhaftigkeit in Person gewesen ist, brach während dieses Prozesses zusammen. Man hatte, wie Eingeweihte später berichteten, seinen Widerstand durch chemische Mittel zerstört. Er wurde zu lebenslänglicher Haft verurteilt.
Der kommunistische Rundfunk in Ungarn kommentierte das Prozeßgeschehen folgendermaßen: »Dieser Mann (Mindszenty) hat sein Volk verraten; er hat es gehaßt und hat den Krieg geschürt. Er hat

spioniert, denunziert und Komplotte vorbereitet. Jetzt vor dem Tribunal schweigt er, denn er ist ein Feigling . . . «

## 28. Kapitel

# Arthur Koestler

Über zwei Stunden stand ich bereits an der »barre« und wechselte von einem Fuß auf den anderen. Die Herren Nordmann, Wurmser und Blumel, die Verteidiger der »Lettres Françaises«, versuchten durch Zwischenfragen, mich zu verwirren und dadurch meine Aussage zu erschüttern. Gelungen ist es ihnen nicht. Schließlich kulminierte das Ganze in einem temperamentvollen Wortgefecht zwischen Maître Izard, dem Verteidiger Kravtschenkos, und den Verteidigern der »Lettres Françaises«.

Als auch dieses Schauspiel ein Ende fand, der nächste Zeuge aufgerufen wurde, hätte ich das Recht gehabt, im Gerichtssaal zu bleiben. Aus unerfindlichen Gründen verschwand ich jedoch durch die kleine Tür zu meiner Linken und setzte mich erschöpft auf die Bank im leeren Zeugenkäfig. Es verlangte mich nur nach Ruhe.

Aber dazu war nicht die Zeit. Durch die kleine Tür drängelte sich ein Schwarm von Journalisten und überschüttete mich mit Fragen. Ein Hochgewachsener, der sich mit dem Namen »Gigli« vorstellte und alle anderen um einen Kopf überragte, fragte mich auf deutsch: »Kennen Sie Heinrich Kurella? Er war

mein Freund.« – Ich nickte: »Ja, sehr gut. Er war auch mein Freund ... « »Wo ist er geblieben?« »1937 in Moskau vom NKWD verhaftet worden und verschwunden ... « »Was ist aus seiner Freundin Charlotte Stenbock-Fermor geworden?« »Das ist eine lange dramatische Geschichte. Das kann man nicht so zwischen Tür und Angel erzählen ... Aber Charlotte ist am Leben geblieben ... «
Gigli ergriff die Initiative, lud mich und die Journalisten in irgendeinen Klub ein, wo es bis Mitternacht dauerte, denn im Jahre 1949 war für Journalisten mein Bericht über zwei Konzentrationslager noch eine Sensation. – Diesmal erinnerte ich mich rechtzeitig an meine Pflichten gegenüber dem Portier vom Hotel Saint Romain und ließ Mr. Gigli dort anrufen.

*

Irgendwann brachte man mich im Auto bis zum Hotel, und ich betrat das Vestibül, ein müder Mensch, aber mit gutem Gewissen. Doch der Portier schlug bei meinem Anblick die Hände vors Gesicht und gab gequälte Laute von sich, sagte schließlich: »Den ganzen Abend hat ein aufdringlicher Mensch immer wieder angerufen, hat nach Ihnen gefragt und mich auch noch angeschnauzt! Vor einer halben Stunde war er hier und gab mir diesen Zettel!« Er reichte mir den Zettel. Ich las die Unterschrift: »Dein Arthur Koestler«. Und der Inhalt des Zettels: Ich solle sofort, ganz gleich zu welcher Nachtzeit, ins Vestibül des Hotels Montalembert kommen, wo er und seine Frau Mamaine auf mich warteten ...

Auf die Frage nach Monsieur Koestler schickte man mich zur Bar des Hotels. Dort herrschte rosafarbenes Halbdunkel, und ich konnte niemanden erkennen. Einer rutschte vom Barhocker herunter, lief auf mich zu und fiel mir um den Hals. Koestler. Ich schluckte an aufsteigenden Tränen. – Was hatten wir nicht alles hinter uns gebracht seit dem letzten Händedruck im Jahre 1935 ... Um der Rührung Herr zu werden, holte Koestler Mamaine herbei. Wir lächelten uns an, und ich dachte »Gott, ist sie hübsch! So etwas Süßes und Zartes ... «
Arthur unterbrach unsere Begrüßung und verkündete, vor Unternehmungslust sprühend: »Jetzt fahren wir zum ›Le chien qui fûme‹ und feiern dort das Wiedersehen! Dort ist die ganze Nacht geöffnet!« – Mamaine schüttelte traurig den Kopf und sagte auf englisch: »Ihr müßt ohne mich feiern. Du weißt doch, Arthur, es geht mir nicht gut ... « Koestler fauchte vor Wut: »Du verdirbst einem auch jede Freude! Es ist immer dasselbe!« Ich versuchte zu vermitteln, weil ich ja an diesem Krach schuld war, und meinte beschwichtigend: »Aber wir können doch auch hier bleiben ... « »Nein. Hier wird geschlossen«, sagte Arthur, drehte uns beiden den Rücken zu und ging ohne Abschied in Richtung Ausgang. Mit schlechtem Gewissen wünschte ich Mamaine gute Besserung. Doch wie ich später erfahren sollte, stand es viel ernster um sie. Mamaine litt an schwerem Asthma, und zu einem Nachtbummel fehlte ihr ganz einfach die Kraft.
Koestler führte mich durch die riesigen Markthallen,

den »Bauch von Paris«, zeigte mir die Schönheit der aufgehäuften Lebensmittel, die die künstliche Beleuchtung in ganz unwirkliche Farben tauchte. In der Halle herrschte quirlendes Leben, es ging zu wie am hellichten Tage. Die Lastträger, richtige Kraftprotzen, bahnten sich ihren Weg unter lautem Geschrei.
Im »Le Chien qui fûme« traktierte mich Koestler mit den »Spezialgerichten des Hauses«, zu denen man Sekt trinken mußte, weil sich das so gehörte. Ich tat es mit größter Vorsicht. – Arthur wollte wissen, ob ich an einem neuen Buch arbeite und lobte dabei »Als Gefangene bei Stalin und Hitler« als einen »einmaligen Wurf«. Ich war sehr geschmeichelt, denn auf sein Urteil konnte man etwas geben.
Vor kurzem hatte mir meine Schwester das Buch »Darkness at Noon« geschenkt. Koestler war der erste, der das Thema der Morde Stalins an den alten Bolschewiken in einem Roman gestaltet hatte. Die Handlung dieses Buches spielt in den Jahren, in denen Heinz Neumann und ich in Moskau lebten und in denen wir vom NKWD verhaftet wurden. Schon das erklärt die heftige Wirkung, die der Roman auf mich ausübte, und das, obgleich viele Einzelheiten in diesem Buch nicht mit der sowjetrussischen Wirklichkeit jener Zeit übereinstimmen, vor allem nicht mit den Zuständen in den Zuchthäusern.
Schon 1949 war »Darkness at Noon«, das Koestler, wie ich erst jetzt erfuhr, bereits 1940 beendet hatte, in viele Sprachen übersetzt worden und ein Bestseller.
»Wie bist du eigentlich auf dieses Thema gekommen?« fragte ich ihn. »Ich habe die grausigen Proto-

kolle der Moskauer Schauprozesse gelesen. Die sind doch damals in einem Moskauer Verlag in alle Sprachen übersetzt worden, offenbar um die Menschen im Westen von der Rechtmäßigkeit dieser Justizmorde zu überzeugen.«

»Das ist ihnen auch bei nicht wenigen gelungen. Ich habe immer wieder das Argument gehört: ›Natürlich waren die schuldig! Die Angeklagten haben ja die Verbrechen selber eingestanden!‹ «

Daß auch Arthur in »Darkness at Noon« eine nach meiner Meinung falsche Erklärung für das »Schuldbekenntnis« seines Helden Rubaschew gibt, behielt ich lieber bei mir. Ich bin fest davon überzeugt, daß die Schuldbekenntnisse der Angeklagten in den sowjetischen Schauprozessen, in denen sie sich zu den ungeheuerlichsten Verbrechen bekannten, durch eine Mischung brutalster und raffiniertester Folter-Methoden erreicht wurden. Die Opfer, die im Moskauer Kolonnensaal mit leiser, ersterbender Stimme erklärten: »Ich habe die Todesstrafe verdient ...« waren nur noch Schatten ihrer selbst.

»Kam für dich die Anregung nur durch die Protokolle?« fragte ich Arthur.

»Daß mich dieses Thema packte, hing noch mit anderem zusammen; mit dem, was mir meine Jugendfreundin Eva erzählte, und mit eigenen Erlebnissen im Gefängnis von Malaga, wo mich die Franco-Leute zum Tode verurteilt hatten.«

»Was, zum Tode verurteilt? Davon weiß ich ja gar nichts.«

»Ja. Wenn sich nicht die Engländer für mich, für ihren Bürger, massiv eingesetzt hätten – sie schickten sogar ein Kriegsschiff nach Malaga – wäre es wohl passiert ... «

»Und wer ist Eva?«

»Meine erste Liebe. Wir waren zusammen im Kindergarten in Budapest; beide fünf Jahre alt, und ich verliebte mich in Eva, weil sie so schöne Pockennarben am Arm hatte ... «

»Auf alle Fälle hast du früh angefangen«, meinte ich lachend.

»Später war Eva die Frau des Physikers Alexander Weissberg. Sie emigrierte mit ihm nach Sowjetrußland. Dort wurden beide verhaftet. Doch Eva hatte großes Glück, denn die Österreichische Botschaft in Moskau setzte sich für sie, eine Österreicherin, mit allem Nachdruck ein, bis schließlich das NKWD sie 1938, nach einer zweijährigen Haft, über die finnische Grenze abschob. Sie erreichte Frankreich, hörte in Paris von meiner Anwesenheit, und wir trafen uns. Sie gab mir einen ausführlichen Bericht über die Schrecken des Erlebten. Erst von ihr erfuhr ich auch von der Verhaftung Alex Weissbergs.

Ich setzte sofort eine weltweite Rettungsaktion in Gang. Dabei wandte ich mich an alle Physiker von Rang und Namen. Alle, sogar Einstein und Niels Bohr, bombardierten Stalin mit Telegrammen und Briefen. Daraufhin wurde Alex nicht verurteilt, sondern saß mehr als drei Jahre in Untersuchungshaft beim NKWD. 1940 aber geschah das Himmelschreiende: Das NKWD lieferte den Juden Alexander Weissberg während des Stalin-Hitler-Paktes an die

Nazis aus. – Auch er kam ins Gefängnis Lublin, genauso wie du. Ihn aber verfrachtete die Gestapo ins Lubliner Getto. Von dort gelang es ihm, nach Warschau zu fliehen, wo er sich mit Hilfe einer Polin jahrelang versteckt hielt ... « Während Arthur mir die Geschichte von Alex Weissberg erzählt, überfällt mich ein Schüttelfrost. Plötzlich sehe ich die haßerfüllten Gesichter der kommunistischen Anwälte wieder vor mir, wie sie gestern im Gerichtssaal versuchten, mich zur Lügnerin zu stempeln, als ich in meiner Zeugenaussage über die Schande der Auslieferung deutscher und österreichischer Emigranten durch das NKWD an die Gestapo berichtete. Ich höre wieder das laute Krähen von Maître Wurmser: »Madame Buber hat ja selbst verlangt, nach Deutschland abgeschoben zu werden ... ! « – Selbst verlangt? Genauso wie der Jude Alex Weissberg, die Jüdin Betty Olberg, der Jude Hans Bloch und der Jude Barth, ein ehemaliger Mitarbeiter von Magnus Hirschfeld. Die drei letzten gehörten zu meinem Transport. Es waren viel, viel mehr als diese vier. Und dazu kamen die übrigen 500 deutschen und österreichischen Emigranten, die das sowjetische NKWD aus den Lagern geholt hatte und auf der Brücke von Brest-Litowsk der SS bzw. der Gestapo übergab. Alles erbitterte Gegner der Nationalsozialisten, die sie dann auch entsprechend behandelten. Und wozu das Ganze? Wir waren eine Art Morgengabe Stalins an Hitler.
Arthur, der sah und wohl auch spürte, wie mir zumute war, wechselte abrupt das Thema. Er erklärte

mir seine Liebe. Das ist immer und auf jeden Fall etwas Schönes. Doch kam das Geständnis zu plötzlich und ich, ein etwas langsam funktionierender »kleiner preußischer Mensch«, brauchte nun mal, um eine Liebeserklärung zu erwidern, etwas mehr Zeit und außerdem ein wenig mehr als nur Rührung.

Gegen vier Uhr morgens fahren wir, im Gefühl, unsere Freundschaft neu besiegelt zu haben, in Richtung Tuilerien. Das erste Tageslicht bricht sich in der grünspanfarbenen Kuppel der Madeleine, und ein Hauch dieses Pastellschimmers liegt über der ganzen Stadt.

Wir halten vorm Hotel Saint Romain. Arthur begleitet mich hinein, denn ich hatte ihm von den Auseinandersetzungen mit dem kämpferischen Portier erzählt. Doch der ist, als er uns beide sieht, wie ausgewechselt. Liebenswürdig lächelnd überreicht er mir – ja beinahe so, als seien wir alte, gute Bekannte – den Zimmerschlüssel. Da fällt bei mir der Groschen: Der Portier hält Arthur und mich für ein Liebespaar, und deshalb gehört uns seine ganze Sympathie. Eben das ist echt pariserisch.

## 29. Kapitel

## Die Rache der Kommunistinnen

Der nächste Tag beginnt mit einer Huldigung des Portiers von Saint Romain. Er überreicht mir einen ganzen Stapel französischer Zeitungen und sagt dazu: »Madame Buber, jetzt sind Sie eine Vedette!« – »Vedette«, was kann das heißen? Auf jeden Fall muß es etwas Gutes sein, etwas mich Auszeichnendes meinen... Und ich bedanke mich für seine Liebenswürdigkeit.

Aus den Pariser Morgenzeitungen blickt mich mein Konterfei an. Da stehe ich an der »barre« mit einem Gesicht, mit Hand- und Armbewegungen, als wollte ich die ganze Menschheit davon überzeugen, daß das von mir Gesagte die reine Wahrheit sei und wollte sie zum Handeln bewegen. Auf alle Fälle verraten diese Fotos, wie ernst mir das Ganze ist. – Ich sprach das erste Mal in meinem Leben vor einem großen Auditorium, war also das Gegenteil von einem geübten Redner. Trotzdem, oder vielleicht gerade deshalb, hatte diese Aussage eine solche Wirkung auf die Zuhörer.

*

Man sagte mir, eine »Vedette« sei dasselbe wie ein »Star«. Aber es klingt viel schöner. Was es bedeutet,

vorübergehend in diesen Stand erhoben zu sein, erlebe ich im Laufe der nächsten Tage. – Der erste, der mich zu sich bittet, ist Victor Kravtschenko. Er lächelt sogar, wenn auch etwas schief, und bedankt sich für die Aussage. Nun aber will er mir was Gutes antun, mir seinen literarischen Agenten vermitteln, der, wie er sagt, meine Bücher über die ganze Welt verbreiten wird. – Damals wußte ich noch nicht, daß jeder, der in den USA ein Manuskript verfertigt hat, es durch einen Agenten den Buchverlagen anbieten läßt. Außerdem hatte ich etwas gegen die Super-Vokabel »über die ganze Welt«. So versicherte ich Kravtschenko, ich hätte schon mit mehreren Verlagen verhandelt – was sogar die Wahrheit war – und brauchte deshalb keinen Agenten mehr. Er war offensichtlich gekränkt.
Von den Menschen, die mich in den nächsten Tagen sprechen oder interviewen oder fotografieren oder einladen wollten, machten Albert Camus und der polnische Dichter und Maler Josef Czapski einen besonders starken Eindruck auf mich. – Ein Problem war es mit den Zeitungsleuten, die mich interviewten, weil vielen jede ausreichende Kenntnis der Vorgeschichte zur Zeit der Weimarer Republik fehlte. Einer aber, der Redakteur des »Populaire«, wollte alles über die Frühzeit der KPD wissen, und es war so, als wolle er genügend Fakten sammeln und ein Buch darüber schreiben. Ich meinte kopfschüttelnd, wen denn das, soweit es seine Leser betrifft, heute noch interessierte? »Da kennen Sie meine Leser schlecht«, meinte er leicht beleidigt. Es wurde wirklich alles,

was ich sagte, gedruckt, eine ganze Zeitungsseite voll. Ich mußte meine Vorstellung von den französischen Sozialisten korrigieren.
Mein französischer Verlag, Editions du Seuil, nutzte die Gunst der Stunde und schloß einen Vertrag mit »Figaro Littéraire«, die das Buch »Déportée en Sibérie« in vollem Wortlaut abdruckten. Zu diesem Zweck hatte ich einem Zeichner an Hand des Buchtextes detailliert zu schildern, wie alles ausgesehen habe: die Moskauer Gefängniszelle, die Mitgefangenen, die Untersuchungsrichter, die Offiziere und Soldaten des NKWD, die heruntergekommenen Lagerhäftlinge, das innere der Lehmhütten und vieles andere mehr. Bei dieser Befragung stellte ich fest, daß mein visuelles Gedächtnis ganz besonders gut funktionierte.
Die literarische Agentur »Opera Mundi« bat mich um einen zwanzig Seiten umfassenden Beitrag. Unter dem Titel »Die Tragödie eines deutschen Kommunisten« schrieb ich über das Schicksal Heinz Neumanns. Der Artikel wurde in vielen Zeitungen der Welt veröffentlicht.
Vorübergehend überschüttete man mich mit Geld. Der französische Verlag zahlte einen Vorschuß; Opera Mundi ebenfalls, und auch »Figaro Littéraire«. Soviel Geld hatte ich noch nie besessen, vor allem, was die unterzubringende Anzahl anbetraf. Meine Handtasche konnte die Mengen der alten französischen Francscheine nicht mehr fassen; sie quollen an allen Seiten heraus.
Anise wünschte, mich dringend zu sprechen. Es ging

um einen Telefonanruf. Gleich nach meiner Zeugenaussage im Palais de Justice war sie von ehemaligen französischen Mithäftlingen aus Ravensbrück, Mitgliedern der KPF, gefragt worden, ob sie – Anise – vielleicht irgend etwas Negatives über mein Verhalten im KZ Ravensbrück wisse und ihnen mitteilen würde. Anise legte angeekelt den Telefonhörer auf.

Erfolg hatten die französischen Kommunisten auf der Suche nach Verleumdern nur unter ihresgleichen, also unter jenen, die der sogenannten Parteidisziplin unterlagen und deshalb gezwungen waren, einem Befehl zu gehorchen, ganz gleich, um was es sich auch handeln mochte. So fand sich unter den ehemaligen französischen KZlerinnen schließlich ein langjähriges Mitglied der KPF, das, wie ich später erfuhr, damals gerade in ein Parteiverfahren verwickelt war, also seinen Ausschluß aus der KPF befürchten mußte und offenbar deshalb erpreßbar war.

Vielleicht kam man gerade auf die arme Marthe, weil irgendwelche Kommunistinnen in Ravensbrück beobachtet hatten – »Wachsamkeit« gehörte bekanntlich zu ihren Haupttugenden –, daß Marthe und ich uns manchmal auf der Lagerstraße mit einem Kopfnicken gegrüßt hatten; oder sollte die arme Marthe etwa einer Genossin in Lille erzählt haben, ich hätte ihr im Mai 1945 einen Brief geschrieben? Seltsamerweise spielte eben dieser Brief eine Rolle. Der befand sich in den Händen der Verteidiger der »Lettres Françaises«.

Jener Brief stammte aus Boizenburg. Bis zu dieser mecklenburgischen Stadt waren Emmi Görlich und

ich auf unserem beschwerlichen Weg durch die Freiheit vorgedrungen, und an ein Weiterkommen war nicht zu denken. Zufällig hörte ich dort, daß unter den ehemaligen französischen Kriegsgefangenen, die man auf Lastautos in die Heimat zurücktransportierte – die also die Pontonbrücke überqueren durften –, einer aus Lille sei, aus der gleichen Stadt, in der auch Marthe wohnte. Der Franzose war bereit, meinen Brief an Marthe mitzunehmen. In ihm schilderte ich ihr Emmi Görlichs und meine prekäre Lage, daß uns als *deutschen* ehemaligen KZlern die Besatzungsbehörde nicht erlaubte, die einzige Möglichkeit zu benutzen – nämlich die Pontonbrücke –, um über die Elbe zu kommen. Wir waren also gezwungen, auf der Ostseite des Flusses zu bleiben und das Herannahen der Roten Armee, mit allen damit verbundenen Konsequenzen, abzuwarten.
Den Brief, mit der Bitte, uns zu helfen, schickte Marthe offenbar an die KP-Obrigkeit in Paris, um dadurch ihre Parteidisziplin unter Beweis zu stellen.
Wirklichen Erfolg hatten die Anwälte der »Lettres Françaises« in ihrem Bemühen, mich, und damit auch meine Zeugenaussage, als total verlogen zu diffamieren, bei Menschen, die unter kommunistischer Diktatur lebten, in diesem Fall in der Tschechoslowakei. Dort ließen sich vier ehemalige Ravensbrükker Häftlinge finden. Drei von ihnen dürften der Aufforderung, mich zu verleumden, geradezu mit Lustgefühlen nachgekommen sein, denn sie waren alte KPTsch-Funktionärinnen und schon in Ravensbrück meine erklärten Feindinnen. Das ging so weit,

daß sie, nachdem Hitler Sowjetrußland angegriffen hatte und die kommunistischen Häftlinge in der Hoffnung lebten, Ravensbrück würde in Kürze von der Roten Armee befreit werden, ein Gerücht in Umlauf setzten, daß ich und meine damals noch lebende Freundin Milena »nach der Befreiung durch die Rote Armee an die Wand gestellt würden, wegen der Lügen, die wir über Sowjetrußland verbreiteten«. Zu dieser Exekution kamen sie aber nicht mehr, weil ich das Glück hatte, einige Tage vor ihnen und auch vor der Ankunft der Roten Armee aus dem Lager herauszukommen.

In ihren nach Paris gesandten Erklärungen, die auch noch als eidesstattliche Versicherungen deklariert waren, ging es bei allen vieren um meine Sonderstellung im Lager und um mein angebliches Kollaborieren mit der SS. Diese KPTsch-Funktionärinnen waren aus gutem bolschewistischen Holz geschnitzt, sie hätten in jedem kommunistischen Schauprozeß als »Zeugen« gute Figur gemacht.

Doch die vierte Erklärung, die von Inka Katnarowa, raubte mir vorübergehend den Glauben an die Menschen. Es ließ sich nur eine Entschuldigung finden: Weiß ich denn, mit welchen Mitteln man diesen Brief gegen mich von ihr erpreßt hat? Auch in der Tschechoslowakei, genau wie in allen kommunistischen Ländern, ist man mit den Mitteln der Erpressung nicht zimperlich. Dabei fallen mir Fotos vom Prager-Prozeß gegen Slansky ein. Ich sehe die erloschenen Gesichter der Angeklagten und lese, welche erschütternden Geständnisse sie gemacht haben, von

Verbrechen, die sie nie begangen hatten. Deshalb habe ich keine Zweifel, daß, was die Kunst der Erpressung und der Foltermethoden anbetrifft, die Sicherheitsorgane der KPTsch erfolgreich geschult worden sind durch ihre »Bruderpartei«, die KPdSU, soweit sie dieses Handwerk nicht schon selbst beherrschten.

Aber zurück zu Inka. Wie ich im Buch »Als Gefangene bei Stalin und Hitler« ausführlich schildere, hat sie mir in Ravensbrück das Leben gerettet, obgleich sie meine politische Einstellung sehr gut kannte und ich nie ein Hehl daraus gemacht hatte. Wie mag ein Mensch wie Inka mit so etwas fertig werden? Vielleicht gelang es ihr, die Lügen, die sie über mich fabrizierte – und sicher waren das nicht die einzigen – ins Orwellsche »Gedächtnisloch« zu werfen, wo sie ausgelöscht wurden, als habe es sie nie gegeben.

Als meine norwegischen Freundinnen von dieser Erbärmlichkeit erfuhren, schrieben sie für mich rührende »Ehrenerklärungen« und schickten sie an Maître Izard.

## 30. Kapitel

# Kampf für die Freiheit

Im politischen Kampf braucht der Mensch, auch wenn er über noch so viel Willenskraft verfügt, das Gefühl, nicht allein zu stehen, er braucht Gesinnungsgenossen und Kampfgefährten.
Mit der tröstlichen Erkenntnis, daß der Widerstand gegen den Kommunismus unter den Intellektuellen der westlichen Welt zugenommen hat, reiste ich aus Paris zurück nach Hause.
Zu meinem Optimismus trugen nicht nur die Erfahrungen während des Kravtschenko-Prozesses bei, und sicher auch die Reaktion der Öffentlichkeit auf meine Zeugenaussage im Palais de Justice, sondern vor allem die Gespräche mit Koestler, mit Josef Czapski, mit Anise und anderen Freunden in Paris. Die meisten von ihnen waren, ebenso wie ich, fest entschlossen, alles zu tun, was in ihren Kräften stand, um das weitere Vordringen des Kommunismus in Westeuropa zu verhindern, denn sie wußten, daß eine Niederlage zu Versklavung und Tod für unzählige Menschen führen würde.
Sicher spielten bei der Auslösung der Kampfbereitschaft der Intellektuellen auch die ersten Bücher über sowjetische Sklavenlager eine Rolle, ebenso wie die von Josef Czapski veröffentlichten Berichte über die

Ermordung Hunderter polnischer Offiziere durch die Sowjets in Katyn wie auch Koestlers Roman »Sonnenfinsternis« und das grandiose Buch George Orwells »1984«, ein utopischer Roman über den »vollendeten Kommunismus«, der einen das Gruseln lehren kann.
Doch zum Optimismus westeuropäischer und amerikanischer Intellektueller in den Jahren 1949 und 1950 trug auch die vorbildliche Haltung bei, die die Amerikaner während der Blockade Berlins gezeigt hatten und damit vor aller Welt bewiesen, was der Wille zur Erhaltung der Freiheit zu leisten vermag. In engem Zusammenhang mit diesem Ereignis kam es ein Jahr später, im Juni 1950, zu einer erstaunlichen Veranstaltung: 118 Gelehrte, Künstler, Schriftsteller, Dichter, Publizisten und Politiker aus der freien Welt wurden nach Westberlin zum Kongreß für die Freiheit der Kultur eingeladen. Man bat sie zu Gast in die geteilte Stadt, um dort ihre Kampfbereitschaft zu demonstrieren und die Menschen wissen zu lassen, welches hohe Gut die Freiheit ist.
Da die Kongreßleitung für manche ihrer Gäste fürchten mußte, sie könnten über die Berliner Sektorengrenze in den Osten verschleppt werden – Verschleppungen wurden damals, in Gegensatz zu heute, ausschließlich von kommunistischer Seite praktiziert, sie waren gewissermaßen eine Spezialität des sowjetischen Geheimdienstes –, wurde jeder Gast ständig von einem Westberliner Polizisten begleitet. Schon das allein kam einer antikommunistischen Demonstration gleich.

Die meisten Ansprachen und Vorträge, die auf diesem Kongreß in Berlin gehalten wurden, spiegelten die erschütternde Wirkung auf die Redenden wider, die sich in einer Stadt befanden, die einer Festung glich, einer Insel der Freiheit, die zweihundert Kilometer hinter dem Eisernen Vorhang lag.

Unter diesem beklemmenden Eindruck sagte Herbert Read in seiner Rede: »Freiheit ist wie ein Pulsschlag, wie ein Lebenshauch, dessen wir uns erst dann richtig bewußt werden, wenn er aufhört . . . «

# Personen- und Sachregister

Ackermann, Anton, 110
Aschberg, Olof, 168, 178, 179, 181, 197f
Aschberg, Siri, 169, 173f, 179, 181, 182, 197
Aschberg, Sture, 179, 181f, 187, 196f, 199
»Asoziale«, 16
Autobahn, 46

Babette Gross, 86f, 88, 135, 170, 188f, 194, 218, 233, 259
Bach, August, 122f
Bahnhofsbunker, 33f, 73
Barth, Mitarbeiter von Magnus Hirschfeld, 262
Behrisch, Arno, 89, 141ff
Benesch, Eduard, 211, 213
Bergen-Belsen, 25
Bernadotte, Graf Folke, 146, 147
Bernstein, Lotte, 176f, 179
Betreuungsstelle für ehemalige KZler, 30f, 72f, 78, 92, 143f
Björk, 149f
Blackett, Mary, 222f
Bloch, Hans, 262
Blumel, 256
Börsum, Lise, 202f
Bohr, Niels, 261
Branting, Georg, 185
Branting, Hjalmar, 171
Brecht, Bertolt, 188f
Brill, Hermann, 89
»British Committee for Freedom in Europe«, 221
Brown, Irving, 86ff, 91, 94
Buber, Judith, 136, 190ff
Buber, Martin, 190
Buber, Paula, 190, 191ff
Bürgermeister, 52f
»Bunker«, 28
Camus, Albert. 265
Carlebach, Emil, 95
Churchill, Winston, 221
Clay, Lucius D., 228
Czapski, Josef, 265

Dahlem, Franz, 110
Dahrendorf, Gustav, 107, 109
»Displaced Persons« 73, 154, 184, 242
Duchess of Atholl, Katherine, 221ff
Durkheim, le Président, 245, 247

Editions du Seuil, 266
»Einheitsfront der Arbeiterklasse«, 106ff
Einstein, Albert, 261
Eppstein, 72f, 78
Eva, 260f

Exit Permit, 86, 88, 94, 145 f, 152

Fechner, Max, 107, 109
Fedonek, Victor, 246
Fierlinger, Zdenek, 212
Fischer, Maria, 73, 83, 88, 105
Fischer Ruth, 218 f, 220
Fitzgerald, Edward, 220
Fleiss, Dr. Bernhard, 50, 54, 58, 60, 79, 134
Fleiss, Schwiegermutter, 56, 64
Fleiss, Trude, 49 f, 56, 64, 79 f, 134
Främlingspaß, 165
Fragebogen, 68

Ganeval, Kommandant des französischen Sektors in Berlin, 227
»George«, 232
Gigli, englischer Journalist, 256 f
Gniffke, Erich, 107
Goldschmidt, Barbara, 135, 191
Gollancz, Victor, 220
Graah, Ingeborg, 206
Graah, Lille, 136, 175, 202 ff, 210
Grotewohl, Otto, 104 f, 107 f, 110
Gross, Babette, 206
Gross, Peter, 135

Hanson, Johan, 200 f, 218
Hellmann, Heinrich, 219 ff
Hellner, Kerstin, 188 f
Henschel, Lotte, 95 ff, 103, 105, 136 f
Herbert, Kommandant des englischen Sektors von Berlin, 227
Hilfspolizist, 14
Himmler, Heinrich, 147
Hirdman, Einar, 200
Hitler, Adolf, 112
Hoegh-Omdal, Gudny, 202 f, 206
Howley, Kommandant des amerikanischen Sektors von Berlin, 227
Höxter, Sigi, 88, 89 f

International Rescue and Relief Committee, 86 f, 140, 145, 166, 170, 181, 183
Izard, Maître, 247 ff, 256, 270

Jesenska, Milena, 82, 83, 185, 269
Jugendweihe, 124 f, 128

Katnarova, Inka, 36, 66 f, 270
Kerenski, A. F., 172
Kinder in Thierstein, 50, 56, 57 ff
Kisch, Egon Erwin, 193 ff
Koestler, Arthur, 257 ff, 262, 263
Koestler, Mamaine, 257
Komintern, 99, 223

KPTsch-Funktionärinnen, 269
KPF, 267
Krawtschenko-Prozess, 232, 238, 241f
Krawtschenko, Viktor, 173, 231, 234, 238, 240, 242, 248, 250ff, 265
Kriedemann, 89
Kurella, Heinrich, 256
Kvapilova, Anička, 136, 202, 206, 210

Landrat, 54f
Landskrona, 161ff
Lebensmittelkarten, 19
Lenin, Wladimir Iljitsch, 92f
»Les Lettres Françaises«, 231, 234f, 238, 248f, 250ff, 256, 267
L., Maria, 95ff, 103
Lobedanz, Dr. Reinhold, 122

Malenkow, G., 122
Markscheffel, Günther, 89
Marthe, 267f
Masaryk, Jan, 213
Menschewiken, 104
Michelson, 174
Mindszenty, Kardinal, 254f
Ministerium für Staatssicherheit, 118
Mitzenheim, Dr. Dr., 126
M., Käthe, 75ff, 140
Morgan, Claude, 231, 248
M., 111ff
Müller, Kurt, 99
Münzenberg, Willi, 98f, 190, 221
Mutter der Verfasserin, 11, 17, 48, 56, 64ff, 86, 134f, 143f, 218

Naumann, Friedrich, 116
Neumann, Heinz, 170, 187, 190, 193f, 248, 249, 259, 266
Neurath, Alois, 166f, 176f, 180
Nordmann, Monsieur, 256
Nosek, Vaclav, 212
Nuschke, Otto, 115, 116

Olberg, Betty, 262
Opera Mundi, 266
Ostarbeiter, 21, 22
Ottensen-Jensen, Elise, 167
Överland, Arnulf, 204, 205ff, 218
Överland, Margrete, 175, 202, 204f, 218

Pieck, Wilhelm, 108, 110
Postel-Vinay, André, 237, ff
Postel-Vinay, Anise, 136, 210, 235f, 237, 240, 267

Reuter, Ernst, 227ff
Rikskringkasting, 203
Rote Armee, 12
Ruckser, Udo, 135
Rudenko, General, 252f

Sachsenhausen, KZ, 83
»Sales Boches«, 245
SED, 110
»Shenja«, 27ff
Slanski, Rudolf, 211, 269
Sokolowsky, Marschall, 226f
Sonntag, Grete, 34f
SSD, 131, 133

Schauprozesse, 253
Scheucher, Lotte, 176f
Schumacher, Dr. Kurt, 89, 90ff, 107ff

Stalin-Hitler-Pakt, 262
Stalin, Josef Wissarionowitsch, 211f, 226, 230, 261
STASI, 118, 121f, 130, 133
Stenbock-Fermor, Charlotte, 180f, 199f, 201, 257
Strunski, Sheba, 87

Theile, Albert, 135
Thüring, Anna, 56, 62f
Thüring, Else, 49ff
Thüring, Johannes, 47, 49
Tillgren, Lillemor, 199f
Tillion, Germaine, 210, 236f
Tulpanow, Oberst, 110

Ulbricht, Walter, 104, 110, 123, 125

Vater, K., 95
VVN, 95

Weissberg, Alexander, 261, 262
Wergeland, Henrik, 204
»Wiedervereinigung der Arbeiterklasse«, 106f
Wurmser, André, 248, 256, 262

Zigeunerfrauen, 30
Zinkahn, 89

MARGARETE BUBER-NEUMANN

# Die erloschene Flamme

## Schicksale meiner Zeit

*Leinen* · 208 *Seiten*

Immer wieder greift die weltbekannte Autorin in ihren Büchern das Thema politischer und rassistischer Verfolgung auf. Es geschieht, sagt sie, unter einer Art Zwang, einer Verpflichtung gegenüber den in ihrer Menschenwürde Verletzten, den Gefolterten und Ermordeten, von denen sie viele während ihrer Lagerzeit in Rußland und Deutschland persönlich kennenlernte. In diesem neuen Buch schildert sie tragische Schicksale von Opfern kommunistischer und nationalsozialistischer Barbarei. Dabei begegnet der Leser Namen, die in die Geschichte unseres Jahrhunderts eingegangen sind. – Mit Erschütterung liest man die Schilderung der tragischen Schicksale von bekannten Persönlichkeiten wie Max Hölz, Kafkas Freundin Milena aus Prag, Heinrich Vogeler aus Worpswede, Dimitroff und anderen. Mit diesem Buch will die Autorin Herz und Gewissen der Leser anrühren und dadurch politisches Verantwortungsbewußtsein wachrütteln. Ein großes menschliches Dokument und ein wesentlicher Beitrag zum Kampf für die geistige Freiheit des Menschen.

MARGARETE BUBER-NEUMANN

## Milena

Kafkas Freundin

*Leinen* · 320 *Seiten*

Im Oktober 1940 trafen sich Margarete Buber-Neumann und Milena Jesenská zum ersten Mal an der »Klagemauer«. So nannte Milena den schmalen Weg zwischen der Barackenrückseite und der hohen Mauer, die das Frauenkonzentrationslager Ravensbrück umgab. Das Buch »Milena – Kafkas Freundin« ist das Vermächtnis der dabei entstandenen Freundschaft. Mit ihm erfüllte Margarete Buber-Neumann den Wunsch Milenas: »Du sagst den Menschen, wer ich war. Du bist mein milder Richter.« – Am 17. Mai 1944 starb sie in Ravensbrück.
Wir erfahren von ihrer Kindheit, ihrer Liebe zur Mutter, die allzu früh starb, dem Vater, Jan Jesensky, mit dem die Tochter in ständigem Konflikt lebte. Milenas Leben ist eine Kette von Triumphen und Niederlagen, von Glück und abgrundtiefem Unglück. Aber sie hat immer wieder die Kraft, sich aufzuraffen. Als die Nationalsozialisten im Jahre 1939 die Tschechoslowakei besetzen, wird aus Milena eine heldenmütige Kämpferin gegen die Tyrannei.